# もくじ

## 入門編

### 第1章　電卓の操作·····················2
　①電卓のキーと機能·················· 2
　②タッチメソッドとキーの打ち方··· 4

### 第2章　珠算による計算／
　　　　　タッチメソッドの練習········· 9
　①加減算··························· 9
　②乗算···························· 16
　③除算···························· 20
　④総合練習問題···················· 26
　⑤定位法·························· 28
　⑥補数計算······················· 33

## 3級編

### 第1章　普通計算·····················34
　①見取算·························· 34
　②乗算···························· 37
　③除算···························· 39
　④補充問題······················· 41

### 第2章　ビジネス計算················49
　①割合の表し方···················· 49
　②割合の計算······················ 50
　③売買・損益に関する計算········· 56
　④外国貨幣と度量衡に関する計算··· 64
　⑤利息の計算······················ 68

### 第3章　チャレンジ演習問題·········75
　・3級演習問題（その1）··········· 75
　・3級演習問題（その2）··········· 81

## 2級編

### 第1章　ビジネス計算················87
　①3級に準ずる計算················ 87
　②利息の計算······················ 92
　③手形割引の計算·················· 96
　④仲立人の手数料に関する計算··· 100
　⑤複利の計算···················· 104
　⑥減価償却費の計算·············· 109

### 第2章　チャレンジ演習問題·········117
　・2級演習問題（その1）··········· 117
　・2級演習問題（その2）··········· 123

## 本書の使い方

　本書は全国商業高等学校協会主催「ビジネス計算実務検定」の3級および2級に合格する
力を養成するための問題集です。とくに，ビジネス計算では，多くの例題を設け，くわしく
解説しましたので，「ビジネス基礎」を学習するさいにも活用できます。

　電卓操作の基本やキー操作をていねいに解説しました。なお，珠算の基礎練習もできるよ
う配慮しました。

| | |
|---|---|
| 例題 | 基本的なものから検定レベルまでの問題です。 |
| | 解式やキー操作など，くわしい解説をつけました。 |
| 基本問題 | 例題と同レベルの問題です。 |
| 練習問題 | 復習のための問題です。 |
| 演習問題 | 検定レベルの問題です。 |

# 第1章　電卓の操作

## ①電卓のキーと機能

　電卓にはさまざまな種類があります。本書ではC型を中心に解説していきますが（下図左），もう一つの代表的な電卓であるS型（下図右）もC型と対比する形で取りあげます。

　メーカーや機種によってキーやスイッチの名称・配置がちがったり，機能が多少異なることがありますから，使用説明書をよく確認し，正しい操作法を身につけてください。

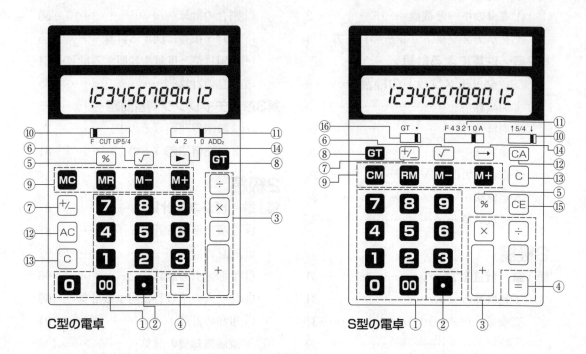

C型の電卓　　　　　　　　　　　　　　　S型の電卓

| 名　　称 | | 機　　能 |
|---|---|---|
| ①数字キー | 1〜9<br>0　00 | 1〜9は/から9までの数を入力する。<br>0は0を入力し，00は0を2つ入力する。 |
| ②小数点キー | · | 小数点を入力する。 |
| ③計算命令キー<br>　（四則演算キー） | +−<br>×÷ | +で加算，−で減算，×で乗算，÷で除算をおこなう。 |
| ④イコールキー | = | 四則計算の答を表示する（計算結果はGTメモリーに記憶される）。 |
| ⑤パーセントキー | % | 百分率を求める。 |
| ⑥ルートキー | √ | 開平をおこなう（平方根をひらく）。 |
| ⑦サインチェンジキー | +/− | 正の数を負の数に，負の数を正の数に切り換える。 |

| ⑧GTメモリーキー | | $\boxed{\text{GT}}$ | グランドトータルメモリー（GTメモリー）に記憶している数値の合計を表示する。<br>S型機種では$\boxed{\text{GT}}$を2回つづけて押すとGTメモリーはクリアされる。 |
|---|---|---|---|
| ⑨独立メモリーキー | メモリープラスキー | $\boxed{\text{M+}}$ | 独立メモリーに数値を加算する（イコールキーの機能もはたらく）。 |
| | メモリーマイナスキー | $\boxed{\text{M-}}$ | 独立メモリーから数値を減算する（イコールキーの機能もはたらく）。 |
| | メモリーリコールキー | $\boxed{\text{MR}}$<br>$\boxed{\text{RM}}$（S型機種） | 独立メモリーに記憶している数値を表示する。 |
| | メモリークリアキー | $\boxed{\text{MC}}$<br>$\boxed{\text{CM}}$（S型機種） | 独立メモリーに記憶している数値をクリアする。 |
| ⑩ラウンドセレクター<br>（ラウンドスイッチまたは端数処理スイッチ） | | F CUT UP5/4<br>↑5/4↓<br>（S型機種） | 端数処理の条件を指定する。<br>　F：答の小数部分を処理せずそのまま表示<br>　CUT：切り捨て　　UP：切り上げ　　5/4：4捨5入<br>S型機種では↓が切り捨て，↑が切り上げとなる。 |
| ⑪小数点セレクター<br>（TABスイッチ） | | 4 2 1 0 ADD2<br>F43210A<br>（S型機種） | 答の小数点以下の桁数を指定する（ラウンドセレクターで指定した小数位の下1桁が処理される）。<br>ADD2：ドル・ユーロの加減算に便利なアドモード。加減算をおこなうとき，$\boxed{\cdot}$キーを押さなくても置数の下2桁目に小数点を自動表示する（ラウンドセレクターはF以外に指定する必要がある）。<br>S型機種ではAと表示してあるところがアドモード。 |
| ⑫オールクリアキー | | $\boxed{\text{AC}}$<br>$\boxed{\text{CA}}$（S型機種） | 独立メモリーに記憶している数値を除き，すべてをクリアする。<br>S型機種では独立メモリーもすべてクリアする。 |
| ⑬クリアキー＊ | | $\boxed{\text{C}}$ | 表示している数値および答をクリアする（ただし，GTメモリーと独立メモリーはそのまま）。<br>C型機種では置数の訂正に使用するが，S型機種での訂正は$\boxed{\text{CE}}$キーを使用する。 |
| ⑭桁下げキー | | $\boxed{\blacktriangleright}$　$\boxed{\rightarrow}$（S型機種） | 表示されている数値の最小桁の数字を1つ消す。 |
| ⑮置数訂正キー | | $\boxed{\text{CE}}$<br>（S型機種のみ） | 表示している数値のみクリアする。 |
| ⑯GTスイッチ | | （S型機種のみ） | GTメモリーを使うときに指定する。 |

＊C型機種の多くは電源オンキー（ゴハサンキー）をそなえているが，S型機種ではクリアキーが電源オン機能をもつものが多い。

## ②タッチメソッドとキーの打ち方

　パソコンでのキーボード入力の場合と同じように，電卓を操作する場合でも，問題だけを見ながら指を動かして入力するタッチメソッドという方法を用いる。

　指の部分は，④がひとさし指　⑤がなか指　⑥がくすり指で分担し，これらのキーがホームポジションとなり，つねに④⑤⑥のキーの上に軽く乗せた状態を保つようにする。

　下図にあるように，④⑤⑥を中心にそれぞれの指の分担で上下に動かして入力するが，使う指だけを動かし，入力が終わるとすぐにホームポジションの上にもどすように心がけるとよい。

【C型機種】

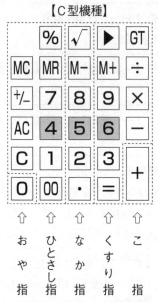

⇧　　⇧　　⇧　　⇧　　　⇧
お　　ひ　　な　　く　　　こ
や　　と　　か　　す
　　　さ　　　　　り
　　　し
指　　指　　指　　指　　　指

【S型機種】

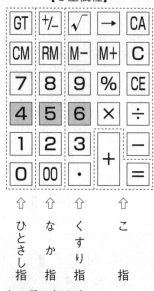

⇧　　⇧　　⇧　　　⇧
ひ　　な　　く　　　こ
と　　か　　す
さ　　　　　り
し
指　　指　　指　　　指

ホームポジション

上の段の打ち方

下の段の打ち方

０のキーの打ち方

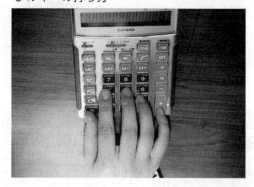

**練習1** 表の数字を加算し，答と照合しなさい。

```
┌───┬───┬───┐
│ 7 │ 8 │ 9 │
├───┼───┼───┤
│ 4 │ 5 │ 6 │
├───┼───┼───┤
│ 1 │ 2 │ 3 │
└───┴───┴───┘
```

●まず，ホームポジション（④⑤⑥の位置）に慣れることからはじめます。

●ホームポジションは，④がひとさし指，⑤がなか指，⑥がくすり指の位置です。

●指の分担にしたがって，キーの配置を覚えましょう。

| No. | 1 | 2 | 3 | 4 | 5 | 6 | 7 | 8 | 9 |
|-----|-----|-----|-----|-----|-----|-----|-----|-----|-----|
| 1 | 555 | 456 | 654 | 545 | 565 | 546 | 564 | 465 | 645 |
| 2 | 444 | 456 | 654 | 545 | 565 | 546 | 564 | 465 | 645 |
| 3 | 666 | 456 | 654 | 545 | 565 | 546 | 564 | 465 | 645 |
| 4 | 555 | 456 | 654 | 545 | 565 | 546 | 564 | 465 | 645 |
| 5 | 444 | 456 | 654 | 545 | 565 | 546 | 564 | 465 | 645 |
| 6 | 666 | 456 | 654 | 545 | 565 | 546 | 564 | 465 | 645 |
| 計 | | | | | | | | | |
| (答) | 3,330 | 2,736 | 3,924 | 3,270 | 3,390 | 3,276 | 3,384 | 2,790 | 3,870 |

| No. | 10 | 11 | 12 | 13 | 14 | 15 | 16 | 17 | 18 |
|-----|-----|-----|-----|-----|-----|-----|-----|-----|-----|
| 1 | 454 | 656 | 555 | 456 | 545 | 546 | 465 | 454 | 656 |
| 2 | 454 | 656 | 666 | 654 | 565 | 564 | 645 | 464 | 646 |
| 3 | 454 | 656 | 444 | 456 | 545 | 546 | 465 | 454 | 656 |
| 4 | 464 | 646 | 555 | 654 | 565 | 564 | 645 | 464 | 646 |
| 5 | 464 | 646 | 666 | 456 | 545 | 546 | 465 | 454 | 656 |
| 6 | 464 | 646 | 444 | 654 | 565 | 564 | 645 | 464 | 646 |
| 計 | | | | | | | | | |
| (答) | 2,754 | 3,906 | 3,330 | 3,330 | 3,330 | 3,330 | 3,330 | 2,754 | 3,906 |

| No. | 19 | 20 | 21 | 22 | 23 | 24 | 25 | 26 | 27 |
|-----|-----|-----|-----|-----|-----|-----|-----|-----|-----|
| 1 | 564 | 546 | 546 | 645 | 456 | 654 | 454 | 465 | 645 |
| 2 | 456 | 465 | 465 | 465 | 546 | 546 | 565 | 646 | 546 |
| 3 | 645 | 654 | 564 | 546 | 654 | 465 | 656 | 554 | 644 |
| 4 | 564 | 546 | 546 | 645 | 456 | 564 | 545 | 656 | 454 |
| 5 | 456 | 465 | 465 | 465 | 546 | 456 | 654 | 464 | 556 |
| 6 | 645 | 654 | 564 | 546 | 654 | 645 | 456 | 655 | 446 |
| 計 | | | | | | | | | |
| (答) | 3,330 | 3,330 | 3,150 | 3,312 | 3,312 | 3,330 | 3,330 | 3,440 | 3,291 |

**練習2** 表の数字を加算し，答と照合しなさい。

● 次は，上の段の指の分担です。
● ④の上が⑦，⑤の上が⑧，⑥の上が⑨であることを意識するようにします。
● ⑦⑧⑨をタッチしたら，必ずホームポジションに指をもどします。
● キータッチはリズミカルに。

| No. | 1 | 2 | 3 | 4 | 5 | 6 | 7 | 8 | 9 |
|---|---|---|---|---|---|---|---|---|---|
| 1 | 585 | 474 | 696 | 575 | 595 | 484 | 494 | 686 | 676 |
| 2 | 585 | 474 | 696 | 575 | 595 | 484 | 494 | 686 | 676 |
| 3 | 585 | 474 | 696 | 575 | 595 | 484 | 494 | 686 | 676 |
| 4 | 585 | 474 | 696 | 575 | 595 | 484 | 494 | 686 | 676 |
| 5 | 585 | 474 | 696 | 575 | 595 | 484 | 494 | 686 | 676 |
| 6 | 585 | 474 | 696 | 575 | 595 | 484 | 494 | 686 | 676 |
| 計 | | | | | | | | | |
| (答) | 3,510 | 2,844 | 4,176 | 3,450 | 3,570 | 2,904 | 2,964 | 4,116 | 4,056 |

| No. | 10 | 11 | 12 | 13 | 14 | 15 | 16 | 17 | 18 |
|---|---|---|---|---|---|---|---|---|---|
| 1 | 585 | 575 | 494 | 585 | 858 | 585 | 949 | 575 | 757 |
| 2 | 474 | 595 | 686 | 484 | 494 | 747 | 767 | 954 | 969 |
| 3 | 696 | 484 | 676 | 686 | 676 | 969 | 858 | 657 | 767 |
| 4 | 585 | 575 | 494 | 585 | 858 | 585 | 949 | 595 | 959 |
| 5 | 474 | 595 | 686 | 484 | 494 | 747 | 767 | 756 | 747 |
| 6 | 696 | 484 | 676 | 686 | 676 | 969 | 858 | 459 | 949 |
| 計 | | | | | | | | | |
| (答) | 3,510 | 3,308 | 3,712 | 3,510 | 4,056 | 4,602 | 5,148 | 3,996 | 5,148 |

| No. | 19 | 20 | 21 | 22 | 23 | 24 | 25 | 26 | 27 |
|---|---|---|---|---|---|---|---|---|---|
| 1 | 858 | 474 | 594 | 789 | 497 | 867 | 486 | 675 | 548 |
| 2 | 747 | 747 | 948 | 897 | 765 | 484 | 574 | 459 | 786 |
| 3 | 969 | 585 | 675 | 978 | 984 | 659 | 695 | 568 | 694 |
| 4 | 858 | 858 | 486 | 789 | 579 | 948 | 864 | 576 | 745 |
| 5 | 747 | 696 | 759 | 897 | 846 | 576 | 745 | 954 | 569 |
| 6 | 969 | 969 | 867 | 978 | 658 | 795 | 956 | 875 | 897 |
| 計 | | | | | | | | | |
| (答) | 5,148 | 4,329 | 4,329 | 5,328 | 4,329 | 4,329 | 4,320 | 4,107 | 4,239 |

**練習3** 表の数字を加算し，答と照合しなさい。

```
[7] [8] [9]
[4] [5] [6]
[1] [2] [3]
```

● 次は，下の段の指の分担です。
● ④の下が①，⑤の下が②，⑥の下が③であることを意識するようにします。
● ①②③をタッチしたら，必ずホームポジションに指をもどします。
● リズミカルなキータッチを忘れずに。

| No. | 1 | 2 | 3 | 4 | 5 | 6 | 7 | 8 | 9 |
|---|---|---|---|---|---|---|---|---|---|
| 1 | 525 | 414 | 636 | 515 | 535 | 424 | 434 | 626 | 616 |
| 2 | 525 | 414 | 636 | 515 | 535 | 424 | 434 | 626 | 616 |
| 3 | 525 | 414 | 636 | 515 | 535 | 424 | 434 | 626 | 616 |
| 4 | 525 | 414 | 636 | 515 | 535 | 424 | 434 | 626 | 616 |
| 5 | 525 | 414 | 636 | 515 | 535 | 424 | 434 | 626 | 616 |
| 6 | 525 | 414 | 636 | 515 | 535 | 424 | 434 | 626 | 616 |
| 計 | | | | | | | | | |
| (答) | 3,150 | 2,484 | 3,816 | 3,090 | 3,210 | 2,544 | 2,604 | 3,756 | 3,696 |

| No. | 10 | 11 | 12 | 13 | 14 | 15 | 16 | 17 | 18 |
|---|---|---|---|---|---|---|---|---|---|
| 1 | 525 | 515 | 434 | 636 | 414 | 525 | 343 | 515 | 151 |
| 2 | 414 | 535 | 626 | 515 | 535 | 424 | 161 | 363 | 363 |
| 3 | 636 | 424 | 616 | 434 | 616 | 626 | 252 | 453 | 161 |
| 4 | 525 | 515 | 434 | 636 | 414 | 525 | 343 | 535 | 353 |
| 5 | 414 | 535 | 626 | 515 | 535 | 424 | 161 | 354 | 141 |
| 6 | 636 | 424 | 616 | 434 | 616 | 626 | 252 | 651 | 343 |
| 計 | | | | | | | | | |
| (答) | 3,150 | 2,948 | 3,352 | 3,170 | 3,130 | 3,150 | 1,512 | 2,871 | 1,512 |

| No. | 19 | 20 | 21 | 22 | 23 | 24 | 25 | 26 | 27 |
|---|---|---|---|---|---|---|---|---|---|
| 1 | 141 | 252 | 153 | 125 | 162 | 424 | 426 | 615 | 513 |
| 2 | 414 | 141 | 534 | 235 | 514 | 631 | 514 | 453 | 462 |
| 3 | 252 | 363 | 261 | 315 | 436 | 135 | 635 | 562 | 254 |
| 4 | 525 | 252 | 615 | 452 | 621 | 542 | 264 | 516 | 136 |
| 5 | 363 | 141 | 342 | 562 | 345 | 216 | 145 | 354 | 341 |
| 6 | 636 | 363 | 426 | 642 | 253 | 653 | 356 | 215 | 625 |
| 計 | | | | | | | | | |
| (答) | 2,331 | 1,512 | 2,331 | 2,331 | 2,331 | 2,601 | 2,340 | 2,715 | 2,331 |

**練習4** 表の数字を加算し，答と照合しなさい。

| 7 | 8 | 9 | 7 | 8 | 9 |
|---|---|---|---|---|---|
| 4 | 5 | 6 | 4 | 5 | 6 |
| 1 | 2 | 3 | 1 | 2 | 3 |
| 0 | 00 | ・ | = | 0 | 00 | ・ |

●00を使うとリズミカルなキータッチが乱れやすいので，慣れるまでは0を使うようにしましょう。
●ホームポジションにもどることを忘れずに。

| No. | 1 | 2 | 3 | 4 | 5 | 6 | 7 | 8 | 9 |
|---|---|---|---|---|---|---|---|---|---|
| 1 | 404 | 504 | 405 | 407 | 704 | 401 | 104 | 505 | 605 |
| 2 | 505 | 506 | 605 | 508 | 805 | 502 | 205 | 504 | 305 |
| 3 | 606 | 504 | 405 | 609 | 906 | 603 | 306 | 507 | 205 |
| 4 | 404 | 506 | 605 | 407 | 704 | 401 | 104 | 508 | 105 |
| 5 | 505 | 504 | 405 | 508 | 805 | 502 | 205 | 509 | 405 |
| 6 | 606 | 506 | 605 | 609 | 906 | 603 | 306 | 506 | 505 |
| 計 | | | | | | | | | |
| (答) | 3,030 | 3,030 | 3,030 | 3,048 | 4,830 | 3,012 | 1,230 | 3,039 | 2,130 |

| No. | 10 | 11 | 12 | 13 | 14 | 15 | 16 | 17 | 18 |
|---|---|---|---|---|---|---|---|---|---|
| 1 | 470 | 630 | 571 | 410 | 140 | 560 | 450 | 400 | 100 |
| 2 | 580 | 520 | 510 | 520 | 250 | 230 | 650 | 500 | 200 |
| 3 | 690 | 410 | 580 | 630 | 360 | 890 | 120 | 600 | 300 |
| 4 | 470 | 630 | 520 | 740 | 470 | 450 | 320 | 700 | 400 |
| 5 | 580 | 520 | 590 | 850 | 580 | 120 | 780 | 800 | 500 |
| 6 | 690 | 410 | 530 | 960 | 690 | 780 | 980 | 900 | 600 |
| 計 | | | | | | | | | |
| (答) | 3,480 | 3,120 | 3,301 | 4,110 | 2,490 | 3,030 | 3,300 | 3,900 | 2,100 |

| No. | 19 | 20 | 21 | 22 | 23 | 24 | 25 |
|---|---|---|---|---|---|---|---|
| 1 | 5,002 | 5,200 | 6,007 | 4,000 | 4,802 | 6,257 | 8,002 |
| 2 | 4,001 | 4,100 | 5,300 | 3,000 | 6,005 | 3,049 | 2,148 |
| 3 | 6,003 | 6,300 | 4,009 | 9,000 | 7,134 | 9,001 | 4,636 |
| 4 | 5,008 | 5,800 | 1,600 | 1,000 | 9,570 | 7,106 | 7,100 |
| 5 | 4,007 | 4,700 | 9,500 | 7,000 | 3,078 | 4,300 | 5,359 |
| 6 | 6,009 | 6,900 | 3,400 | 6,000 | 2,600 | 2,858 | 9,070 |
| 計 | | | | | | | |
| (答) | 30,030 | 33,000 | 29,816 | 30,000 | 33,189 | 32,571 | 36,315 |

# 第2章　珠算による計算／タッチメソッドの練習

## ①加減算

　この章の解説は珠算で受験する人を念頭においたものになっていますが，問題自体は電卓の初心者にも支障なく使える内容です。タッチメソッドの練習，また数字を見る訓練として，やってみましょう。

### 基本問題1

> ワンポイント　*1*, *2*, *3*, *4*をおくときはおや指で，*5*をおくときはひとさし指。
> 　　　　　　　*1*, *2*, *3*, *4*, *5*をひくときはひとさし指。
> 　　　　　　　*6*, *7*, *8*, *9*をおくときはおや指とひとさし指を同時に，ひくときはひとさし指。

| No. | 1 | 2 | 3 | 4 | 5 | 6 | 7 | 8 | 9 | 10 |
|---|---|---|---|---|---|---|---|---|---|---|
| 1 | 11 | 21 | 25 | 16 | 57 | 11 | 98 | 24 | 36 | 45 |
| 2 | 23 | 57 | 13 | 51 | 20 | 28 | -51 | -13 | 62 | -30 |
| 3 | 55 | 10 | 61 | 22 | 12 | -26 | -37 | 88 | -95 | 81 |
| 計 | | | | | | | | | | |

| No. | 11 | 12 | 13 | 14 | 15 | 16 | 17 | 18 | 19 | 20 |
|---|---|---|---|---|---|---|---|---|---|---|
| 1 | 23 | 52 | 98 | 37 | 78 | 43 | 19 | 24 | 89 | 64 |
| 2 | 55 | 17 | -52 | 61 | -12 | 51 | 60 | 75 | -74 | 25 |
| 3 | -67 | -51 | -31 | -85 | -56 | -92 | -54 | -98 | 63 | -87 |
| 4 | 85 | 70 | 64 | 71 | 75 | 36 | 61 | 67 | -55 | 45 |
| 5 | -91 | -23 | -76 | -34 | 12 | -27 | 13 | -16 | 76 | -22 |
| 計 | | | | | | | | | | |

### 基本問題2

> ワンポイント（*10*の合成・分解）
> 「*9*たす」は*1*をはらって*10*をたす。　　「*9*ひく」は*10*をはらって*1*をたす。
> 「*8*たす」は*2*をはらって*10*をたす。　　「*8*ひく」は*10*をはらって*2*をたす。
> 「*7*たす」は*3*をはらって*10*をたす。　　「*7*ひく」は*10*をはらって*3*をたす。
> 「*6*たす」は*4*をはらって*10*をたす。　　「*6*ひく」は*10*をはらって*4*をたす。
> 「*5*たす」は*5*をはらって*10*をたす。　　「*5*ひく」は*10*をはらって*5*をたす。
> 「*4*たす」は*6*をはらって*10*をたす。　　「*4*ひく」は*10*をはらって*6*をたす。
> 「*3*たす」は*7*をはらって*10*をたす。　　「*3*ひく」は*10*をはらって*7*をたす。
> 「*2*たす」は*8*をはらって*10*をたす。　　「*2*ひく」は*10*をはらって*8*をたす。
> 「*1*たす」は*9*をはらって*10*をたす。　　「*1*ひく」は*10*をはらって*9*をたす。

| No. | 1 | 2 | 3 | 4 | 5 | 6 | 7 | 8 | 9 | 10 |
|---|---|---|---|---|---|---|---|---|---|---|
| 1 | 47 | 92 | 89 | 98 | 49 | 85 | 98 | 30 | 14 | 75 |
| 2 | 98 | 67 | 32 | 17 | 98 | 41 | 12 | 81 | 96 | 30 |
| 3 | 73 | 54 | 61 | 25 | 63 | -98 | -76 | -54 | -32 | -19 |
| 計 | | | | | | | | | | |

| No. | 11 | 12 | 13 | 14 | 15 | 16 | 17 | 18 | 19 | 20 |
|---|---|---|---|---|---|---|---|---|---|---|
| 1 | 43 | 45 | 34 | 78 | 89 | 48 | 63 | 27 | 39 | 94 |
| 2 | 78 | 61 | 89 | 43 | 32 | 94 | 45 | 94 | 87 | 38 |
| 3 | 96 | -87 | -92 | -34 | -43 | 79 | -25 | -82 | -48 | 76 |
| 4 | -79 | 96 | 76 | 23 | 34 | -47 | 39 | 86 | 32 | -97 |
| 5 | 57 | -78 | -68 | -41 | -23 | 56 | -98 | -37 | -46 | -24 |
| 計 | | | | | | | | | | |

| No. | 21 | 22 | 23 | 24 | 25 | 26 | 27 | 28 | 29 | 30 |
|---|---|---|---|---|---|---|---|---|---|---|
| 1 | 98 | 49 | 27 | 64 | 83 | 34 | 78 | 44 | 93 | 84 |
| 2 | 69 | 87 | 94 | 28 | 37 | 86 | 93 | 78 | 17 | 49 |
| 3 | 53 | 95 | -32 | 35 | -46 | -92 | 47 | 89 | -71 | 85 |
| 4 | -47 | -28 | 76 | 83 | 97 | 58 | -89 | -47 | 82 | -26 |
| 5 | 38 | -34 | -89 | -21 | 49 | 74 | 91 | 56 | -34 | 38 |
| 6 | -75 | -76 | 35 | 42 | -37 | -83 | -32 | -38 | 23 | -46 |
| 7 | 89 | 68 | -43 | -54 | 78 | 45 | 73 | 49 | -46 | 27 |
| 計 | | | | | | | | | | |

**基本問題3**

> ワンポイント（5の合成・分解）
>
> 「4たす」は5をたして1をはらう。 「4ひく」は1をたして5をはらう。
> 「3たす」は5をたして2をはらう。 「3ひく」は2をたして5をはらう。
> 「2たす」は5をたして3をはらう。 「2ひく」は3をたして5をはらう。
> 「1たす」は5をたして4をはらう。 「1ひく」は4をたして5をはらう。

| No. | 1 | 2 | 3 | 4 | 5 | 6 | 7 | 8 | 9 | 10 |
|---|---|---|---|---|---|---|---|---|---|---|
| 1 | 24 | 34 | 23 | 44 | 24 | 65 | 55 | 44 | 65 | 13 |
| 2 | 43 | 21 | 34 | 12 | 42 | -43 | -21 | 32 | -21 | 42 |
| 3 | 12 | 33 | 21 | 31 | 13 | 26 | 65 | -34 | -30 | -12 |
| 計 | | | | | | | | | | |

| No. | 11 | 12 | 13 | 14 | 15 | 16 | 17 | 18 | 19 | 20 |
|---|---|---|---|---|---|---|---|---|---|---|
| 1 | 42 | 34 | 24 | 34 | 24 | 65 | 23 | 32 | 57 | 36 |
| 2 | 24 | 42 | 43 | 42 | 32 | -34 | 42 | 46 | -24 | 21 |
| 3 | -23 | -33 | -23 | -32 | -12 | 27 | -34 | -37 | 15 | -13 |
| 4 | 33 | 22 | 32 | 21 | 32 | -14 | 24 | 15 | 31 | 42 |
| 5 | -42 | -24 | -44 | -34 | -43 | 25 | -41 | -23 | -46 | -54 |
| 計 | | | | | | | | | | |

| No. | 21 | 22 | 23 | 24 | 25 | 26 | 27 | 28 | 29 | 30 |
|---|---|---|---|---|---|---|---|---|---|---|
| 1 | 43 | 24 | 34 | 12 | 32 | 56 | 34 | 13 | 68 | 27 |
| 2 | 12 | 42 | 31 | 44 | 23 | -14 | 52 | 45 | -34 | 41 |
| 3 | -31 | -43 | -24 | -23 | -34 | 25 | -43 | -36 | 55 | -35 |
| 4 | 42 | 34 | 36 | 45 | 65 | -57 | 35 | 57 | -48 | 23 |
| 5 | -34 | -23 | -43 | -34 | -42 | 65 | -47 | -35 | 14 | -42 |
| 6 | 23 | 32 | 23 | 12 | 31 | -43 | 24 | 41 | -21 | 63 |
| 7 | -11 | -33 | -14 | -24 | -43 | 24 | -12 | -54 | 63 | -34 |
| 計 | | | | | | | | | | |

## 基本問題4

ワンポイント（5と10の合成・分解）

| 「9たす」は4をたして5をはらって10をたす。 | 「9ひく」は10をはらって5をたして4をはらう。 |
|---|---|
| 「8たす」は3をたして5をはらって10をたす。 | 「8ひく」は10をはらって5をたして3をはらう。 |
| 「7たす」は2をたして5をはらって10をたす。 | 「7ひく」は10をはらって5をたして2をはらう。 |
| 「6たす」は1をたして5をはらって10をたす。 | 「6ひく」は10をはらって5をたして1をはらう。 |

| No. | 1 | 2 | 3 | 4 | 5 | 6 | 7 | 8 | 9 | 10 |
|---|---|---|---|---|---|---|---|---|---|---|
| 1 | 55 | 66 | 75 | 58 | 67 | 77 | 76 | 57 | 65 | 85 |
| 2 | 87 | 76 | 69 | 86 | 77 | 67 | 68 | 87 | 79 | 56 |
| 3 | 34 | 85 | 83 | 79 | 83 | -94 | -86 | -69 | -78 | -86 |
| 4 | 68 | 47 | 57 | 45 | 56 | 73 | 83 | 56 | 67 | 79 |
| 5 | 96 | 61 | 74 | 76 | 84 | -68 | -72 | -66 | -78 | -67 |
| 計 | | | | | | | | | | |

| No. | 11 | 12 | 13 | 14 | 15 | 16 | 17 | 18 | 19 | 20 |
|---|---|---|---|---|---|---|---|---|---|---|
| 1 | 66 | 75 | 58 | 44 | 36 | 62 | 74 | 43 | 56 | 23 |
| 2 | 78 | 69 | 86 | 13 | 87 | 73 | 61 | 32 | 78 | 42 |
| 3 | 13 | 32 | 79 | 87 | 42 | 47 | 97 | 68 | -69 | 69 |
| 4 | 65 | 67 | 32 | 24 | 69 | 65 | -76 | -87 | 78 | -76 |
| 5 | 54 | 13 | 78 | 76 | 21 | -94 | 85 | -24 | -86 | -14 |
| 計 | | | | | | | | | | |

| No. | 21 | 22 | 23 | 24 | 25 | 26 | 27 | 28 | 29 | 30 |
|---|---|---|---|---|---|---|---|---|---|---|
| 1 | 57 | 74 | 68 | 56 | 55 | 63 | 42 | 34 | 54 | 65 |
| 2 | 86 | 63 | 76 | 68 | 89 | 84 | 23 | 41 | 93 | 59 |
| 3 | 32 | -82 | 13 | 31 | -67 | -92 | 79 | 68 | 76 | 43 |
| 4 | 69 | 67 | 87 | 79 | 56 | 86 | -87 | 23 | -67 | 76 |
| 5 | -78 | 54 | -79 | -68 | 24 | 15 | 76 | 78 | 88 | -87 |
| 6 | 56 | 68 | 67 | 76 | 87 | 68 | -68 | -89 | -76 | 68 |
| 7 | -67 | -79 | -76 | -87 | -78 | -69 | 78 | 67 | 66 | -69 |
| 計 | | | | | | | | | | |

**基本問題5**

| No. | 1 | 2 | 3 | 4 | 5 | 6 | 7 | 8 | 9 | 10 |
|---|---|---|---|---|---|---|---|---|---|---|
| 1 | 21 | 38 | 96 | 29 | 85 | 46 | 58 | 74 | 68 | 37 |
| 2 | 36 | 24 | 72 | 96 | 76 | 94 | 61 | 67 | 72 | 49 |
| 3 | 92 | 15 | 47 | 72 | 47 | -81 | -27 | -34 | -81 | 76 |
| 4 | 86 | 83 | 53 | 39 | 35 | 75 | 98 | -53 | -36 | -85 |
| 5 | 74 | 67 | 65 | 52 | 84 | -62 | -67 | 42 | 54 | -33 |
| 計 | | | | | | | | | | |

| No. | 11 | 12 | 13 | 14 | 15 | 16 | 17 | 18 | 19 | 20 |
|---|---|---|---|---|---|---|---|---|---|---|
| 1 | 91 | 71 | 73 | 57 | 68 | 26 | 16 | 54 | 27 | 36 |
| 2 | 54 | 34 | 57 | 76 | 79 | 97 | 75 | 16 | 38 | 92 |
| 3 | 37 | 68 | 31 | 34 | 24 | -41 | -18 | 53 | 67 | 89 |
| 4 | 64 | 32 | 87 | 67 | 58 | 24 | 94 | -31 | -46 | -74 |
| 5 | 26 | 14 | 45 | 41 | 47 | -48 | -49 | -76 | 59 | 62 |
| 6 | 17 | 61 | 81 | 69 | 68 | 53 | 58 | 52 | -81 | -43 |
| 7 | 58 | 16 | 23 | 82 | 35 | -78 | -82 | -39 | -28 | -37 |
| 計 | | | | | | | | | | |

| No. | 21 | 22 | 23 | 24 | 25 | 26 | 27 | 28 | 29 | 30 |
|---|---|---|---|---|---|---|---|---|---|---|
| 1 | 45 | 21 | 35 | 46 | 95 | 79 | 36 | 58 | 69 | 584 |
| 2 | 97 | 64 | 13 | 92 | 52 | 51 | 25 | 387 | 73 | 39 |
| 3 | 29 | 82 | 84 | 85 | 641 | 28 | 84 | -68 | 625 | -72 |
| 4 | 14 | 18 | 31 | 218 | 76 | -96 | -63 | 94 | -76 | 358 |
| 5 | 46 | 96 | 19 | 43 | 68 | 82 | 78 | -132 | 12 | -21 |
| 6 | 64 | 79 | 71 | 359 | 723 | 25 | -81 | -65 | -64 | -349 |
| 7 | 25 | 23 | 26 | 56 | 84 | -37 | 47 | 73 | 456 | 74 |
| 8 | 67 | 49 | 52 | 83 | 496 | -69 | -39 | 927 | 275 | -36 |
| 9 | 26 | 35 | 87 | 174 | 58 | 47 | 54 | -46 | -47 | 698 |
| 10 | 15 | 27 | 18 | 62 | 34 | -83 | -75 | -54 | -32 | -43 |
| 計 | | | | | | | | | | |

**基本問題6**（くり上がり・くり下がり）

| No. | 1 | 2 | 3 | 4 | 5 | 6 | 7 | 8 | 9 | 10 |
|---|---|---|---|---|---|---|---|---|---|---|
| 1 | 101 | 100 | 105 | 104 | 102 | 101 | 100 | 105 | 104 | 102 |
| 2 | -8 | -4 | -7 | -5 | -9 | -18 | -14 | -17 | -15 | -19 |
| 計 | | | | | | | | | | |

| No. | 11 | 12 | 13 | 14 | 15 | 16 | 17 | 18 | 19 | 20 |
|---|---|---|---|---|---|---|---|---|---|---|
| 1 | 16 | 83 | 46 | 29 | 74 | 58 | 87 | 39 | 974 | 858 |
| 2 | 53 | 18 | 57 | 73 | 28 | 47 | 16 | 63 | 28 | 79 |
| 3 | 37 | 54 | 85 | 34 | 43 | 26 | 68 | 24 | 13 | 67 |
| 4 | 68 | 47 | 14 | 68 | 92 | -39 | -74 | 56 | 57 | 16 |
| 5 | 29 | 75 | 99 | 47 | 65 | 14 | 45 | -85 | -76 | -23 |
| 計 | | | | | | | | | | |

| No. | 21 | 22 | 23 | 24 | 25 | 26 | 27 | 28 | 29 | 30 |
|---|---|---|---|---|---|---|---|---|---|---|
| 1 | 63 | 351 | 52 | 254 | 178 | 28 | 39 | 628 | 254 | 592 |
| 2 | 254 | 49 | 85 | 72 | -29 | 73 | 865 | 76 | 69 | 43 |
| 3 | 38 | -13 | -39 | 678 | 607 | -12 | -18 | 249 | 678 | 368 |
| 4 | -59 | 72 | 906 | -17 | 95 | 946 | 74 | 92 | -85 | -17 |
| 5 | 75 | -86 | -18 | -493 | -54 | -83 | -63 | -87 | -17 | -89 |
| 計 | | | | | | | | | | |

| No. | 31 | 32 | 33 | 34 | 35 | 36 | 37 | 38 | 39 | 40 |
|---|---|---|---|---|---|---|---|---|---|---|
| 1 | 35 | 498 | 24 | 159 | 67 | 58 | 45 | 54 | 837 | 723 |
| 2 | 873 | 36 | 65 | 34 | -18 | 643 | 59 | 619 | 64 | 82 |
| 3 | 46 | 219 | 836 | -48 | 304 | 59 | 732 | 328 | 43 | 59 |
| 4 | 562 | 97 | 128 | 356 | 149 | 278 | 16 | 47 | 57 | 75 |
| 5 | 139 | 64 | 86 | -19 | -25 | -61 | -58 | -59 | 81 | 67 |
| 6 | 84 | 739 | 362 | 82 | 56 | 85 | 209 | 83 | -39 | 28 |
| 7 | 18 | 23 | 49 | -67 | -34 | 39 | -17 | -78 | -46 | -36 |
| 計 | | | | | | | | | | |

練習問題1

| No. | 1 | 2 | 3 | 4 | 5 | 6 | 7 | 8 | 9 | 10 |
|---|---|---|---|---|---|---|---|---|---|---|
| 1 | 18 | 85 | 42 | 329 | 53 | 19 | 685 | 58 | 283 | 78 |
| 2 | 437 | 97 | 713 | 18 | 297 | 68 | 48 | 819 | -41 | 189 |
| 3 | -71 | 348 | 91 | -51 | 14 | 917 | -72 | -47 | -57 | 24 |
| 4 | -249 | -14 | -249 | 805 | -68 | -86 | -29 | 391 | 419 | -39 |
| 5 | 82 | 687 | 154 | 62 | 456 | -391 | 743 | 82 | -86 | 723 |
| 6 | -43 | -143 | 82 | -94 | -503 | 76 | -285 | -658 | 534 | -82 |
| 7 | 576 | -79 | -35 | 237 | 82 | 157 | 69 | -43 | 16 | 608 |
| 計 | | | | | | | | | | |

| No. | 11 | 12 | 13 | 14 | 15 | 16 | 17 | 18 | 19 | 20 |
|---|---|---|---|---|---|---|---|---|---|---|
| 1 | 613 | 286 | 367 | 154 | 901 | 543 | 492 | 937 | 823 | 937 |
| 2 | -265 | 451 | 750 | 846 | -495 | 236 | 923 | -158 | 470 | 248 |
| 3 | 531 | 728 | -896 | -273 | 328 | -195 | -305 | 736 | -142 | 356 |
| 4 | 104 | -319 | 409 | 769 | -136 | 861 | 794 | -249 | -658 | -405 |
| 5 | 983 | 160 | -526 | 628 | 817 | 530 | 852 | -364 | 739 | -642 |
| 6 | 860 | -507 | 253 | -417 | -649 | -976 | -146 | 485 | -254 | 579 |
| 7 | -428 | 693 | 948 | -380 | 452 | 602 | -527 | 513 | 306 | -124 |
| 計 | | | | | | | | | | |

| No. | 21 | 22 | 23 | 24 | 25 | 26 | 27 | 28 | 29 | 30 |
|---|---|---|---|---|---|---|---|---|---|---|
| 1 | 736 | 62 | 873 | 35 | 579 | 972 | 703 | 469 | 152 | 927 |
| 2 | -58 | 403 | 52 | 526 | -104 | 827 | 564 | 892 | 527 | -245 |
| 3 | 940 | -384 | -81 | 73 | 358 | -243 | 235 | -564 | 769 | 503 |
| 4 | 32 | 96 | 429 | 182 | 627 | 586 | -651 | 397 | -304 | 891 |
| 5 | -174 | 578 | 385 | -46 | -412 | 321 | -189 | -470 | 845 | -654 |
| 6 | 201 | -47 | 26 | -627 | 890 | 173 | 830 | 109 | -563 | 420 |
| 7 | -67 | -39 | -930 | 295 | 741 | -628 | 542 | -615 | 186 | 186 |
| 8 | 18 | 785 | -74 | 58 | -168 | 480 | -617 | 823 | 203 | -753 |
| 9 | 594 | 58 | 623 | -61 | 215 | -734 | 926 | 761 | -912 | 549 |
| 10 | 25 | 142 | 18 | 420 | 436 | 165 | 198 | 570 | 258 | 372 |
| 計 | | | | | | | | | | |

**練習問題2**

| No. | 1 | 2 | 3 | 4 | 5 | 6 | 7 |
|---|---|---|---|---|---|---|---|
| 1 | 31 | 61 | 217 | 47 | 413 | 668 | 1,449 |
| 2 | 622 | 856 | 46 | 506 | 959 | 792 | 375 |
| 3 | 49 | 98 | 737 | 983 | 187 | -804 | 8,712 |
| 4 | 503 | -285 | 58 | -264 | 301 | 147 | 3,290 |
| 5 | 78 | -43 | 496 | -76 | 520 | -275 | 956 |
| 計 | | | | | | | |

| No. | 8 | 9 | 10 | 11 | 12 | 13 | 14 |
|---|---|---|---|---|---|---|---|
| 1 | 98 | 886 | 695 | 3,453 | 9,623 | 2,518 | 28,041 |
| 2 | 316 | 171 | -408 | 7,902 | 5,172 | 43,294 | 893 |
| 3 | 42 | 587 | 983 | 9,794 | -4,011 | 170 | -5,026 |
| 4 | 474 | 620 | 210 | 5,247 | 2,648 | 7,615 | 47,627 |
| 5 | 25 | 738 | -498 | 6,701 | -9,320 | 30,386 | -8,514 |
| 6 | 689 | 345 | 563 | 5,436 | 7,142 | 954 | -652 |
| 7 | 722 | 109 | -704 | 9,868 | -8,239 | 6,477 | 9,831 |
| 計 | | | | | | | |

| No. | 15 | 16 | 17 | 18 | 19 | 20 | 21 |
|---|---|---|---|---|---|---|---|
| 1 | 3,550 | 49,613 | 5,127 | 84,592 | 10,054 | 309,161 | 18,749 |
| 2 | 6,987 | 297 | 87,643 | 12,358 | 94,920 | 7,825 | 3,921 |
| 3 | 5,761 | 6,842 | -350 | 27,809 | 41,376 | 85,907 | 602,498 |
| 4 | 1,532 | 15,076 | 7,068 | 90,137 | -52,698 | 214,351 | -81,329 |
| 5 | 7,090 | 339 | 16,904 | 73,976 | -23,460 | 6,812 | -4,658 |
| 6 | 9,847 | 98,516 | -229 | 65,683 | 75,381 | 42,039 | 779,135 |
| 7 | 1,286 | 7,270 | -4,578 | 58,216 | 86,295 | 73,476 | -16,340 |
| 8 | 4,593 | 8,354 | 93,610 | 40,320 | 19,704 | 550,267 | 2,705 |
| 9 | 9,678 | 405 | 838 | 36,749 | -64,835 | 1,793 | -65,978 |
| 10 | 8,234 | 5,628 | -2,481 | 91,061 | -28,079 | 98,640 | 280,427 |
| 計 | | | | | | | |

②乗算

**基本問題1**

| | | | | |
|---|---|---|---|---|
| 1 | 24 × 2 = | 6 | 234 × 2 = |
| 2 | 32 × 3 = | 7 | 312 × 3 = |
| 3 | 43 × 2 = | 8 | 341 × 2 = |
| 4 | 21 × 4 = | 9 | 102 × 4 = |
| 5 | 34 × 2 = | 10 | 231 × 3 = |

**基本問題2**

| | | | | |
|---|---|---|---|---|
| 1 | 63 × 3 = | 11 | 628 × 7 = |
| 2 | 93 × 8 = | 12 | 934 × 6 = |
| 3 | 24 × 6 = | 13 | 745 × 3 = |
| 4 | 53 × 9 = | 14 | 852 × 8 = |
| 5 | 68 × 5 = | 15 | 467 × 5 = |
| 6 | 76 × 2 = | 16 | 509 × 2 = |
| 7 | 32 × 8 = | 17 | 230 × 6 = |
| 8 | 80 × 2 = | 18 | 306 × 5 = |
| 9 | 29 × 7 = | 19 | 780 × 4 = |
| 10 | 40 × 6 = | 20 | 405 × 9 = |

**基本問題3**

| | | | | |
|---|---|---|---|---|
| 1 | 94 × 6 = | 11 | 230 × 4 = |
| 2 | 28 × 3 = | 12 | 549 × 6 = |
| 3 | 85 × 7 = | 13 | 426 × 3 = |
| 4 | 21 × 4 = | 14 | 652 × 7 = |
| 5 | 76 × 8 = | 15 | 465 × 8 = |
| 6 | 53 × 2 = | 16 | 708 × 5 = |
| 7 | 39 × 5 = | 17 | 914 × 2 = |
| 8 | 67 × 9 = | 18 | 197 × 3 = |
| 9 | 42 × 4 = | 19 | 381 × 9 = |
| 10 | 38 × 5 = | 20 | 873 × 6 = |

**基本問題4**

| | | | | |
|---|---|---|---|---|
| 1 | 5,476 × 4 = | 6 | 73,416 × 9 = |
| 2 | 3,654 × 7 = | 7 | 19,653 × 2 = |
| 3 | 6,317 × 3 = | 8 | 47,529 × 8 = |
| 4 | 9,142 × 5 = | 9 | 36,915 × 4 = |
| 5 | 2,738 × 6 = | 10 | 85,246 × 3 = |

**基本問題5**

| | | | | |
|---|---|---|---|---|
| 1 | 2 × 37 = | 6 | 2 × 54 = |
| 2 | 4 × 29 = | 7 | 4 × 72 = |
| 3 | 3 × 28 = | 8 | 2 × 63 = |
| 4 | 2 × 36 = | 9 | 4 × 91 = |
| 5 | 3 × 15 = | 10 | 3 × 82 = |

**基本問題6**

| | | | | |
|---|---|---|---|---|
| 1 | 14 × 21 = | 11 | 342 × 12 = |
| 2 | 32 × 23 = | 12 | 123 × 32 = |
| 3 | 23 × 12 = | 13 | 231 × 21 = |
| 4 | 54 × 83 = | 14 | 695 × 87 = |
| 5 | 87 × 56 = | 15 | 758 × 46 = |
| 6 | 43 × 65 = | 16 | 986 × 75 = |
| 7 | 26 × 74 = | 17 | 507 × 98 = |
| 8 | 71 × 42 = | 18 | 814 × 53 = |
| 9 | 68 × 19 = | 19 | 467 × 19 = |
| 10 | 75 × 38 = | 20 | 109 × 64 = |

**基本問題7**

| | | | | |
|---|---|---|---|---|
| 1 | 3,452 × 84 = | 6 | 6,084 × 27 = |
| 2 | 7,641 × 39 = | 7 | 8,135 × 53 = |
| 3 | 6,078 × 52 = | 8 | 4,716 × 92 = |
| 4 | 1,594 × 46 = | 9 | 5,327 × 68 = |
| 5 | 2,869 × 71 = | 10 | 9,253 × 45 = |

## 基本問題8

| | | | | | |
|---|---|---|---|---|---|
| 1 | 4 × 212 = | 6 | 23 × 123 = |
| 2 | 2 × 324 = | 7 | 31 × 322 = |
| 3 | 3 × 213 = | 8 | 12 × 213 = |
| 4 | 2 × 432 = | 9 | 34 × 121 = |
| 5 | 9 × 543 = | 10 | 56 × 738 = |

## 基本問題9

| | | | | | |
|---|---|---|---|---|---|
| 1 | 64 × 809 = | 6 | 42 × 502 = |
| 2 | 17 × 906 = | 7 | 80 × 603 = |
| 3 | 95 × 308 = | 8 | 53 × 402 = |
| 4 | 28 × 704 = | 9 | 71 × 206 = |
| 5 | 39 × 107 = | 10 | 26 × 501 = |

## 基本問題10

| | | | | | |
|---|---|---|---|---|---|
| 1 | 324 × 52 = | 6 | 48 × 852 = |
| 2 | 268 × 51 = | 7 | 62 × 651 = |
| 3 | 125 × 32 = | 8 | 36 × 275 = |
| 4 | 375 × 16 = | 9 | 28 × 512 = |
| 5 | 428 × 25 = | 10 | 75 × 124 = |

## 基本問題11

| | | | | | |
|---|---|---|---|---|---|
| 1 | 54 × 962 = | 11 | 46 × 507 = |
| 2 | 953 × 74 = | 12 | 832 × 65 = |
| 3 | 15 × 380 = | 13 | 37 × 184 = |
| 4 | 706 × 21 = | 14 | 920 × 43 = |
| 5 | 31 × 605 = | 15 | 58 × 679 = |
| 6 | 820 × 19 = | 16 | 201 × 96 = |
| 7 | 28 × 906 = | 17 | 65 × 208 = |
| 8 | 147 × 48 = | 18 | 419 × 72 = |
| 9 | 62 × 573 = | 19 | 13 × 896 = |
| 10 | 439 × 87 = | 20 | 754 × 31 = |

**基本問題12**

| | | | | |
|---|---|---|---|---|
| 1 | 634 × 568 = | 6 | 36 × 2,847 = |
| 2 | 941 × 150 = | 7 | 52 × 8,139 = |
| 3 | 208 × 726 = | 8 | 81 × 3,962 = |
| 4 | 376 × 904 = | 9 | 73 × 1,458 = |
| 5 | 514 × 247 = | 10 | 26 × 9,241 = |

**練習問題1**

| | | | | |
|---|---|---|---|---|
| 1 | 89 × 5,264 = | 11 | ¥ 574 × 286 = |
| 2 | 654 × 370 = | 12 | ¥ 1,086 × 97 = |
| 3 | 4,107 × 15 = | 13 | ¥ 820 × 439 = |
| 4 | 92 × 6,853 = | 14 | ¥ 43 × 3,951 = |
| 5 | 765 × 219 = | 15 | ¥ 265 × 804 = |
| 6 | 2,038 × 96 = | 16 | ¥ 79 × 2,640 = |
| 7 | 891 × 702 = | 17 | ¥ 3,951 × 52 = |
| 8 | 36 × 8,041 = | 18 | ¥ 407 × 175 = |
| 9 | 5,420 × 37 = | 19 | ¥ 68 × 7,013 = |
| 10 | 173 × 438 = | 20 | ¥ 9,132 × 68 = |

**練習問題2**

| | | | | |
|---|---|---|---|---|
| 1 | 4,917 × 863 = | 11 | ¥ 259 × 9,168 = |
| 2 | 679 × 3,108 = | 12 | ¥ 7,451 × 807 = |
| 3 | 36 × 76,291 = | 13 | ¥ 57 × 17,284 = |
| 4 | 52,041 × 67 = | 14 | ¥ 81,302 × 75 = |
| 5 | 248 × 5,470 = | 15 | ¥ 195 × 2,079 = |
| 6 | 93 × 20,784 = | 16 | ¥ 3,628 × 940 = |
| 7 | 7,082 × 135 = | 17 | ¥ 64 × 35,091 = |
| 8 | 81,560 × 92 = | 18 | ¥ 4,230 × 536 = |
| 9 | 1,534 × 509 = | 19 | ¥ 903 × 4,682 = |
| 10 | 325 × 4,896 = | 20 | ¥ 71,486 × 63 = |

③除算

**基本問題1**

| | | | | |
|---|---|---|---|---|
| 1 | 24 ÷ 2 = | 6 | 248 ÷ 2 = |
| 2 | 36 ÷ 3 = | 7 | 484 ÷ 4 = |
| 3 | 48 ÷ 2 = | 8 | 396 ÷ 3 = |
| 4 | 84 ÷ 4 = | 9 | 846 ÷ 2 = |
| 5 | 93 ÷ 3 = | 10 | 682 ÷ 2 = |

**基本問題2**

| | | | | |
|---|---|---|---|---|
| 1 | 672 ÷ 8 = | 11 | 3,374 ÷ 7 = |
| 2 | 273 ÷ 7 = | 12 | 5,688 ÷ 6 = |
| 3 | 216 ÷ 9 = | 13 | 4,195 ÷ 5 = |
| 4 | 498 ÷ 6 = | 14 | 2,184 ÷ 8 = |
| 5 | 325 ÷ 5 = | 15 | 3,948 ÷ 7 = |
| 6 | 304 ÷ 4 = | 16 | 3,904 ÷ 4 = |
| 7 | 344 ÷ 8 = | 17 | 1,944 ÷ 6 = |
| 8 | 686 ÷ 7 = | 18 | 2,485 ÷ 5 = |
| 9 | 486 ÷ 9 = | 19 | 5,960 ÷ 8 = |
| 10 | 522 ÷ 6 = | 20 | 5,868 ÷ 9 = |

**基本問題3**

| | | | | |
|---|---|---|---|---|
| 1 | 189 ÷ 3 = | 11 | 1,746 ÷ 2 = |
| 2 | 728 ÷ 8 = | 12 | 2,305 ÷ 5 = |
| 3 | 74 ÷ 2 = | 13 | 2,768 ÷ 4 = |
| 4 | 380 ÷ 5 = | 14 | 3,822 ÷ 6 = |
| 5 | 126 ÷ 9 = | 15 | 2,769 ÷ 3 = |
| 6 | 92 ÷ 4 = | 16 | 896 ÷ 7 = |
| 7 | 510 ÷ 6 = | 17 | 528 ÷ 2 = |
| 8 | 98 ÷ 2 = | 18 | 1,156 ÷ 4 = |
| 9 | 126 ÷ 3 = | 19 | 3,735 ÷ 9 = |
| 10 | 406 ÷ 7 = | 20 | 2,768 ÷ 8 = |

**基本問題4**

| | | | | |
|---|---|---|---|---|
| 1 | 49,458 ÷ 6 = | 6 | 267,792 ÷ 7 = |
| 2 | 6,940 ÷ 4 = | 7 | 122,616 ÷ 2 = |
| 3 | 31,535 ÷ 5 = | 8 | 185,751 ÷ 9 = |
| 4 | 12,204 ÷ 3 = | 9 | 341,480 ÷ 4 = |
| 5 | 21,200 ÷ 8 = | 10 | 97,315 ÷ 5 = |

**基本問題5**

| | | | | |
|---|---|---|---|---|
| 1 | 357 ÷ 51 = | 6 | 75 ÷ 25 = |
| 2 | 108 ÷ 36 = | 7 | 465 ÷ 93 = |
| 3 | 680 ÷ 85 = | 8 | 288 ÷ 72 = |
| 4 | 94 ÷ 47 = | 9 | 70 ÷ 35 = |
| 5 | 248 ÷ 62 = | 10 | 504 ÷ 84 = |

**基本問題6**

| | | | | |
|---|---|---|---|---|
| 1 | 504 ÷ 42 = | 16 | 2,580 ÷ 43 = |
| 2 | 713 ÷ 23 = | 17 | 4,968 ÷ 92 = |
| 3 | 902 ÷ 41 = | 18 | 3,348 ÷ 54 = |
| 4 | 736 ÷ 32 = | 19 | 1,564 ÷ 46 = |
| 5 | 903 ÷ 21 = | 20 | 3,239 ÷ 79 = |
| 6 | 7,812 ÷ 93 = | 21 | 1,134 ÷ 63 = |
| 7 | 5,576 ÷ 82 = | 22 | 518 ÷ 37 = |
| 8 | 2,881 ÷ 67 = | 23 | 3,816 ÷ 72 = |
| 9 | 3,484 ÷ 52 = | 24 | 1,068 ÷ 89 = |
| 10 | 6,278 ÷ 73 = | 25 | 1,512 ÷ 42 = |
| 11 | 1,261 ÷ 97 = | 26 | 5,418 ÷ 86 = |
| 12 | 4,745 ÷ 65 = | 27 | 2,745 ÷ 61 = |
| 13 | 4,472 ÷ 86 = | 28 | 928 ÷ 58 = |
| 14 | 3,404 ÷ 74 = | 29 | 1,504 ÷ 47 = |
| 15 | 952 ÷ 56 = | 30 | 2,380 ÷ 85 = |

**基本問題7**

| | | | | |
|---|---|---|---|---|
| 1 | 336 ÷ 48 = | 6 | 456 ÷ 57 = |
| 2 | 108 ÷ 27 = | 7 | 228 ÷ 38 = |
| 3 | 216 ÷ 36 = | 8 | 125 ÷ 25 = |
| 4 | 95 ÷ 19 = | 9 | 483 ÷ 69 = |
| 5 | 368 ÷ 46 = | 10 | 56 ÷ 14 = |

**基本問題8**

| | | | | |
|---|---|---|---|---|
| 1 | 8,722 ÷ 98 = | 11 | 2,457 ÷ 39 = |
| 2 | 4,161 ÷ 57 = | 12 | 595 ÷ 17 = |
| 3 | 2,028 ÷ 39 = | 13 | 2,842 ÷ 49 = |
| 4 | 1,495 ÷ 23 = | 14 | 992 ÷ 16 = |
| 5 | 3,712 ÷ 64 = | 15 | 1,316 ÷ 28 = |
| 6 | 425 ÷ 25 = | 16 | 810 ÷ 45 = |
| 7 | 2,646 ÷ 54 = | 17 | 4,221 ÷ 63 = |
| 8 | 1,431 ÷ 27 = | 18 | 621 ÷ 27 = |
| 9 | 2,412 ÷ 36 = | 19 | 3,525 ÷ 75 = |
| 10 | 962 ÷ 13 = | 20 | 1,512 ÷ 54 = |

**基本問題9**

| | | | | |
|---|---|---|---|---|
| 1 | 2,639 ÷ 29 = | 11 | 2,494 ÷ 29 = |
| 2 | 7,178 ÷ 74 = | 12 | 855 ÷ 15 = |
| 3 | 9,016 ÷ 98 = | 13 | 3,822 ÷ 39 = |
| 4 | 6,110 ÷ 65 = | 14 | 5,073 ÷ 57 = |
| 5 | 3,072 ÷ 32 = | 15 | 384 ÷ 32 = |
| 6 | 5,452 ÷ 58 = | 16 | 3,174 ÷ 46 = |
| 7 | 8,051 ÷ 83 = | 17 | 884 ÷ 13 = |
| 8 | 252 ÷ 21 = | 18 | 3,042 ÷ 78 = |
| 9 | 3,154 ÷ 38 = | 19 | 1,092 ÷ 39 = |
| 10 | 2,793 ÷ 57 = | 20 | 5,916 ÷ 68 = |

**基本問題10**

| | | | | |
|---|---|---|---|---|
| 1 | 3,312 ÷ 69 = | 11 | 1,566 ÷ 87 = |
| 2 | 4,085 ÷ 43 = | 12 | 3,320 ÷ 40 = |
| 3 | 1,820 ÷ 70 = | 13 | 1,836 ÷ 68 = |
| 4 | 986 ÷ 58 = | 14 | 2,976 ÷ 31 = |
| 5 | 1,120 ÷ 14 = | 15 | 1,040 ÷ 26 = |
| 6 | 4,947 ÷ 97 = | 16 | 5,680 ÷ 80 = |
| 7 | 1,850 ÷ 25 = | 17 | 3,456 ÷ 54 = |
| 8 | 1,740 ÷ 60 = | 18 | 2,520 ÷ 72 = |
| 9 | 2,016 ÷ 32 = | 19 | 1,950 ÷ 39 = |
| 10 | 2,430 ÷ 81 = | 20 | 1,080 ÷ 15 = |

**基本問題11**

| | | | |
|---|---|---|---|
| 1 | 36,139 ÷ 71 = | 6 | 34,349 ÷ 49 = |
| 2 | 13,961 ÷ 23 = | 7 | 15,096 ÷ 37 = |
| 3 | 5,088 ÷ 48 = | 8 | 46,956 ÷ 52 = |
| 4 | 76,190 ÷ 95 = | 9 | 5,526 ÷ 18 = |
| 5 | 19,456 ÷ 64 = | 10 | 17,630 ÷ 86 = |

**基本問題12**

| | | | |
|---|---|---|---|
| 1 | 53,535 ÷ 83 = | 6 | 56,550 ÷ 58 = |
| 2 | 42,044 ÷ 92 = | 7 | 15,466 ÷ 19 = |
| 3 | 70,606 ÷ 86 = | 8 | 28,388 ÷ 47 = |
| 4 | 27,450 ÷ 61 = | 9 | 4,843 ÷ 29 = |
| 5 | 19,114 ÷ 38 = | 10 | 78,120 ÷ 93 = |

**基本問題13**

| | | | |
|---|---|---|---|
| 1 | 29,283 ÷ 681 = | 6 | 9,798 ÷ 142 = |
| 2 | 5,576 ÷ 328 = | 7 | 21,756 ÷ 294 = |
| 3 | 54,656 ÷ 854 = | 8 | 56,523 ÷ 681 = |
| 4 | 43,378 ÷ 529 = | 9 | 12,824 ÷ 458 = |
| 5 | 15,480 ÷ 215 = | 10 | 80,352 ÷ 837 = |

**基本問題14**

| | | | | |
|---|---|---|---|---|
| 1 | 42,711 ÷ 619 = | 11 | 10,512 ÷ 219 = |
| 2 | 41,633 ÷ 527 = | 12 | 25,252 ÷ 428 = |
| 3 | 25,842 ÷ 438 = | 13 | 47,793 ÷ 537 = |
| 4 | 46,102 ÷ 518 = | 14 | 16,511 ÷ 209 = |
| 5 | 16,121 ÷ 329 = | 15 | 55,002 ÷ 618 = |
| 6 | 32,943 ÷ 417 = | 16 | 10,881 ÷ 279 = |
| 7 | 6,104 ÷ 109 = | 17 | 6,528 ÷ 136 = |
| 8 | 18,703 ÷ 317 = | 18 | 43,213 ÷ 547 = |
| 9 | 7,221 ÷ 249 = | 19 | 12,648 ÷ 186 = |
| 10 | 6,004 ÷ 158 = | 20 | 19,352 ÷ 328 = |

**基本問題15**

| | | | | |
|---|---|---|---|---|
| 1 | 14,175 ÷ 225 = | 6 | 30,750 ÷ 125 = |
| 2 | 24,192 ÷ 432 = | 7 | 125,280 ÷ 288 = |
| 3 | 18,144 ÷ 216 = | 8 | 215,250 ÷ 375 = |
| 4 | 7,830 ÷ 135 = | 9 | 350,280 ÷ 504 = |
| 5 | 50,463 ÷ 567 = | 10 | 525,420 ÷ 695 = |

**基本問題16**

| | | | | |
|---|---|---|---|---|
| 1 | 31,280 ÷ 34 = | 11 | 6,704 ÷ 419 = |
| 2 | 33,810 ÷ 805 = | 12 | 38,175 ÷ 75 = |
| 3 | 8,576 ÷ 16 = | 13 | 47,880 ÷ 504 = |
| 4 | 30,380 ÷ 980 = | 14 | 40,420 ÷ 86 = |
| 5 | 44,153 ÷ 67 = | 15 | 14,952 ÷ 623 = |
| 6 | 23,244 ÷ 298 = | 16 | 10,404 ÷ 12 = |
| 7 | 7,007 ÷ 49 = | 17 | 21,080 ÷ 340 = |
| 8 | 59,670 ÷ 702 = | 18 | 40,356 ÷ 57 = |
| 9 | 10,971 ÷ 53 = | 19 | 21,483 ÷ 231 = |
| 10 | 9,394 ÷ 671 = | 20 | 37,338 ÷ 98 = |

**基本問題17**

| | | | | |
|---|---|---|---|---|
| 1 | 23,864 ÷ 314 = | 11 | 50,132 ÷ 604 = |
| 2 | 13,600 ÷ 85 = | 12 | 16,560 ÷ 18 = |
| 3 | 11,280 ÷ 120 = | 13 | 20,945 ÷ 295 = |
| 4 | 26,015 ÷ 43 = | 14 | 18,788 ÷ 61 = |
| 5 | 54,929 ÷ 931 = | 15 | 22,833 ÷ 387 = |
| 6 | 22,199 ÷ 79 = | 16 | 21,836 ÷ 53 = |
| 7 | 15,038 ÷ 206 = | 17 | 13,580 ÷ 970 = |
| 8 | 41,704 ÷ 52 = | 18 | 22,962 ÷ 86 = |
| 9 | 16,946 ÷ 458 = | 19 | 45,630 ÷ 702 = |
| 10 | 33,366 ÷ 67 = | 20 | 16,954 ÷ 49 = |

**基本問題18**

| | | | | |
|---|---|---|---|---|
| 1 | 336,076 ÷ 7,306 = | 6 | 2,370,664 ÷ 64,072 = |
| 2 | 690,039 ÷ 8,519 = | 7 | 6,024,070 ÷ 92,678 = |
| 3 | 102,837 ÷ 1,743 = | 8 | 931,212 ÷ 51,734 = |
| 4 | 281,342 ÷ 3,854 = | 9 | 2,701,120 ÷ 29,360 = |
| 5 | 112,440 ÷ 4,685 = | 10 | 3,045,303 ÷ 70,821 = |

**練習問題**

| | | | | |
|---|---|---|---|---|
| 1 | 67,932 ÷ 1,836 = | 11 | 78,592 ÷ 256 = |
| 2 | 614,055 ÷ 705 = | 12 | 392,352 ÷ 4,087 = |
| 3 | 415,248 ÷ 82 = | 13 | 215,423 ÷ 73 = |
| 4 | 269,082 ÷ 297 = | 14 | 228,780 ÷ 369 = |
| 5 | 149,523 ÷ 6,501 = | 15 | 539,292 ÷ 6,914 = |
| 6 | 183,300 ÷ 94 = | 16 | 62,730 ÷ 15 = |
| 7 | 247,776 ÷ 348 = | 17 | 111,478 ÷ 802 = |
| 8 | 637,240 ÷ 7,160 = | 18 | 243,552 ÷ 48 = |
| 9 | 161,345 ÷ 529 = | 19 | 602,550 ÷ 9,270 = |
| 10 | 259,204 ÷ 43 = | 20 | 447,633 ÷ 531 = |

## (A) 乗算

| | | |
|---|---|---|
| 1 | ¥ 83 × 79 = | |
| 2 | ¥ 98 × 56 = | |
| 3 | ¥ 41 × 63 = | |
| 4 | ¥ 17 × 95 = | |
| 5 | ¥ 66 × 18 = | |
| 6 | ¥ 54 × 270 = | |
| 7 | ¥ 239 × 87 = | |
| 8 | ¥ 75 × 304 = | |
| 9 | ¥ 350 × 42 = | |
| 10 | ¥ 862 × 599 = | |
| 11 | ¥ 24 × 7,828 = | |
| 12 | ¥ 9,097 × 31 = | |
| 13 | ¥ 473 × 965 = | |
| 14 | ¥ 126 × 4,036 = | |
| 15 | ¥ 5,810 × 294 = | |

## (B) 除算

| | | |
|---|---|---|
| 1 | ¥ 6,912 ÷ 96 = | |
| 2 | ¥ 3,240 ÷ 54 = | |
| 3 | ¥ 4,617 ÷ 81 = | |
| 4 | ¥ 3,120 ÷ 65 = | |
| 5 | ¥ 988 ÷ 38 = | |
| 6 | ¥ 1,463 ÷ 77 = | |
| 7 | ¥ 1,316 ÷ 14 = | |
| 8 | ¥ 19,550 ÷ 230 = | |
| 9 | ¥ 17,787 ÷ 49 = | |
| 10 | ¥ 43,757 ÷ 893 = | |
| 11 | ¥ 6,634 ÷ 62 = | |
| 12 | ¥ 22,344 ÷ 798 = | |
| 13 | ¥ 157,755 ÷ 4,045 = | |
| 14 | ¥ 36,585 ÷ 27 = | |
| 15 | ¥ 375,524 ÷ 538 = | |

## (C) 見取算

| No. | 1 | 2 | 3 | 4 | 5 |
|---|---|---|---|---|---|
| 1 | ¥ 43 | ¥ 798 | ¥ 91 | ¥ 8,482 | ¥ 5,839 |
| 2 | 511 | 35 | 636 | 215 | 324 |
| 3 | 349 | -26 | 637 | 4,597 | 8,695 |
| 4 | 64 | 889 | 638 | 6,130 | -7,006 |
| 5 | 908 | 403 | 639 | 928 | 1,209 |
| 6 | 67 | -54 | 640 | 5,046 | -731 |
| 7 | 252 | -171 | 641 | 3,379 | -6,572 |
| 8 | 78 | 62 | 642 | 7,601 | 9,414 |
| 計 | | | | | |

| No. | 6 | 7 | 8 | 9 | 10 |
|---|---|---|---|---|---|
| 1 | ¥ 210 | ¥ 6,143 | ¥ 9,745 | ¥ 4,682 | ¥ 13,597 |
| 2 | 894 | 1,250 | 8,162 | 18,709 | 76,280 |
| 3 | 645 | 7,394 | −6,378 | 910 | 45,852 |
| 4 | 139 | 3,605 | 7,529 | 6,044 | 20,648 |
| 5 | 403 | 8,071 | 5,090 | 21,579 | 98,173 |
| 6 | 559 | 9,562 | 8,491 | 5,303 | 50,714 |
| 7 | 287 | 4,776 | −2,057 | 751 | 12,905 |
| 8 | 170 | 5,408 | −1,934 | 92,486 | 37,499 |
| 9 | 368 | 8,969 | 3,801 | 832 | 61,023 |
| 10 | 727 | 2,831 | 4,266 | 3,167 | 84,365 |
| 計 | | | | | |

| No. | 11 | 12 | 13 | 14 | 15 |
|---|---|---|---|---|---|
| 1 | ¥ 6,181 | ¥ 43,861 | ¥ 87,205 | ¥ 89,341 | ¥ 38,250 |
| 2 | 47,037 | 930 | 35,324 | 362,785 | 80,493 |
| 3 | 3,496 | 1,402 | 10,457 | 4,953 | −97,665 |
| 4 | 901 | 68,325 | 42,612 | 91,268 | 73,028 |
| 5 | 5,628 | −581 | 96,380 | 717,639 | 45,839 |
| 6 | 10,842 | −7,153 | 31,567 | 28,370 | 86,071 |
| 7 | 8,759 | 20,728 | 58,821 | 409,816 | −61,940 |
| 8 | 7,413 | 6,445 | 60,139 | 8,467 | −53,127 |
| 9 | 22,385 | −39,274 | 86,975 | 65,103 | 70,632 |
| 10 | 698 | −190 | 23,794 | 2,554 | −92,916 |
| 11 | 9,576 | 50,609 | 19,548 | 130,792 | 21,543 |
| 12 | 35,204 | 8,976 | 74,906 | 5,024 | 14,857 |
| 計 | | | | | |

## ⑤定位法

珠算では，乗算における積，除算における商の1位の桁を計算前や後に求める方法があり，これを定位法という。電卓の場合はこれまでの問題と変わりはないのでそのまますんでください。

### 乗算の定位法

#### 基本問題1

| | | | |
|---|---|---|---|
| 1 | 39 × 65.8 = | 6 | 3.8 × 79.4 = |
| 2 | 71 × 9.43 = | 7 | 0.457 × 39 = |
| 3 | 85.4 × 36 = | 8 | 0.82 × 9.75 = |
| 4 | 2.97 × 81 = | 9 | 0.037 × 294 = |
| 5 | 76.2 × 4.3 = | 10 | 0.028 × 60.7 = |

#### 基本問題2

| | | | |
|---|---|---|---|
| 1 | 583 × 0.48 = | 6 | 9.5 × 0.364 = |
| 2 | 97 × 0.256 = | 7 | 0.235 × 0.98 = |
| 3 | 54 × 0.893 = | 8 | 0.73 × 0.841 = |
| 4 | 62.1 × 0.71 = | 9 | 0.084 × 0.265 = |
| 5 | 38.7 × 0.24 = | 10 | 0.0619 × 0.37 = |

#### 基本問題3

| | | | |
|---|---|---|---|
| 1 | 4,592 × 0.08 = | 6 | 51.4 × 0.062 = |
| 2 | 73 × 0.0684 = | 7 | 0.205 × 0.064 = |
| 3 | 36 × 0.0271 = | 8 | 0.58 × 0.0309 = |
| 4 | 84.9 × 0.037 = | 9 | 0.0967 × 0.082 = |
| 5 | 9.2 × 0.0763 = | 10 | 0.038 × 0.0745 = |

#### 基本問題4

| | | | |
|---|---|---|---|
| 1 | 376 × 0.0014 = | 6 | 487 × 0.00063 = |
| 2 | 9.43 × 0.0087 = | 7 | 64.5 × 0.00072 = |
| 3 | 52.4 × 0.0095 = | 8 | 9.72 × 0.00058 = |
| 4 | 8.75 × 0.0023 = | 9 | 58.4 × 0.00035 = |
| 5 | 24.9 × 0.0046 = | 10 | 72.08 × 0.00049 = |

**基本問題5** （/〜5は小数第3位未満4捨5入，6〜/0は円未満4捨5入）

| | | | | |
|---|---|---|---|---|
| / | 4.09 × 8.53 = | 6 | ¥ 3,605 × 7.3 = | |
| 2 | 0.863 × 7.2 = | 7 | ¥ 538 × 0.278 = | |
| 3 | 20.46 × 0.048 = | 8 | ¥ 470 × 6.14 = | |
| 4 | 0.0654 × 16.2 = | 9 | ¥ 926 × 0.037 = | |
| 5 | 30.7 × 0.541 = | /0 | ¥ 604 × 8.17 = | |

**練習問題1** （/〜/0は小数第3位未満4捨5入，//〜20は円未満4捨5入）

| | | | | |
|---|---|---|---|---|
| / | 671.3 × 5.6 = | // | ¥ 648 × 1.25 = | |
| 2 | 19.8 × 0.087 = | /2 | ¥ 514 × 0.96 = | |
| 3 | 97 × 641.5 = | /3 | ¥ 49 × 2,370 = | |
| 4 | 26.3 × 0.458 = | /4 | ¥ 187 × 8.14 = | |
| 5 | 720.4 × 83 = | /5 | ¥ 503 × 49.7 = | |
| 6 | 5.1 × 7,302 = | /6 | ¥ 9,260 × 0.0071 = | |
| 7 | 0.356 × 297 = | /7 | ¥ 25 × 386.9 = | |
| 8 | 838.2 × 0.0091 = | /8 | ¥ 792 × 0.053 = | |
| 9 | 0.049 × 36.4 = | /9 | ¥ 8,371 × 62 = | |
| /0 | 45 × 172.9 = | 20 | ¥ 36 × 50.48 = | |

**練習問題2** （/〜/0は小数第3位未満4捨5入，//〜20は円未満4捨5入）

| | | | | |
|---|---|---|---|---|
| / | 4.61 × 690 = | // | ¥ 2,950 × 1.8 = | |
| 2 | 0.0597 × 19 = | /2 | ¥ 624 × 97.3 = | |
| 3 | 84.3 × 0.031 = | /3 | ¥ 83 × 213.7 = | |
| 4 | 3.2 × 946.5 = | /4 | ¥ 4,687 × 0.0059 = | |
| 5 | 5,374 × 0.0032 = | /5 | ¥ 349 × 30.4 = | |
| 6 | 20.8 × 7.24 = | /6 | ¥ 12 × 8,540 = | |
| 7 | 69 × 57.08 = | /7 | ¥ 5,718 × 0.76 = | |
| 8 | 9.14 × 2.56 = | /8 | ¥ 935 × 0.0681 = | |
| 9 | 18.26 × 0.83 = | /9 | ¥ 706 × 452 = | |
| /0 | 0.75 × 481.7 = | 20 | ¥ 31 × 62.95 = | |

除算の定位法

**基本問題1**

| | | | | |
|---|---|---|---|---|
| 1 | 34,461 ÷ 54.7 = | 6 | 37.157 ÷ 7.3 = |
| 2 | 39,010 ÷ 8.3 = | 7 | 0.624 ÷ 48 = |
| 3 | 619.2 ÷ 72 = | 8 | 0.3348 ÷ 6.2 = |
| 4 | 12.72 ÷ 530 = | 9 | 0.027 ÷ 7.5 = |
| 5 | 29.24 ÷ 6.8 = | 10 | 0.030587 ÷ 41.9 = |

**基本問題2**

| | | | | |
|---|---|---|---|---|
| 1 | 6,768 ÷ 0.72 = | 6 | 46.62 ÷ 0.63 = |
| 2 | 446.4 ÷ 0.93 = | 7 | 0.793 ÷ 0.26 = |
| 3 | 2.392 ÷ 0.46 = | 8 | 0.15426 ÷ 0.857 = |
| 4 | 17.658 ÷ 0.54 = | 9 | 0.058212 ÷ 0.924 = |
| 5 | 1.3366 ÷ 0.82 = | 10 | 0.02465 ÷ 0.34 = |

**基本問題3**

| | | | | |
|---|---|---|---|---|
| 1 | 79.8 ÷ 0.084 = | 6 | 1.6236 ÷ 0.0396 = |
| 2 | 3.5532 ÷ 0.042 = | 7 | 0.29952 ÷ 0.052 = |
| 3 | 1.6592 ÷ 0.0976 = | 8 | 0.7848 ÷ 0.0218 = |
| 4 | 2.355 ÷ 0.075 = | 9 | 0.029205 ÷ 0.0649 = |
| 5 | 1.3735 ÷ 0.067 = | 10 | 0.044736 ÷ 0.0048 = |

**基本問題4**

| | | | | |
|---|---|---|---|---|
| 1 | 0.4346 ÷ 0.0082 = | 6 | 0.1458 ÷ 0.00054 = |
| 2 | 4.662 ÷ 0.0063 = | 7 | 1.52 ÷ 0.00095 = |
| 3 | 0.0145 ÷ 0.0058 = | 8 | 1.333 ÷ 0.00043 = |
| 4 | 0.4402 ÷ 0.0071 = | 9 | 0.02565 ÷ 0.00027 = |
| 5 | 1.8538 ÷ 0.0023 = | 10 | 0.14688 ÷ 0.00036 = |

**基本問題5** （ $1\sim5$ は小数第 3 位未満 4 捨 5 入，$6\sim10$ は円未満 4 捨 5 入）

| | | | | |
|---|---|---|---|---|
| 1 | $3.848 \div 5.3 =$ | 6 | ¥ $14,534 \div 71 =$ |
| 2 | $2.795 \div 76.1 =$ | 7 | ¥ $2,834 \div 0.615 =$ |
| 3 | $0.3754 \div 0.45 =$ | 8 | ¥ $17,337 \div 324 =$ |
| 4 | $0.9661 \div 2.4 =$ | 9 | ¥ $12,926 \div 0.092 =$ |
| 5 | $3.9746 \div 0.086 =$ | 10 | ¥ $15,635 \div 6.3 =$ |

**練習問題1** （ $1\sim10$ は小数第 3 位未満 4 捨 5 入，$11\sim20$ は円未満 4 捨 5 入）

| | | | | |
|---|---|---|---|---|
| 1 | $363.323 \div 84.2 =$ | 11 | ¥ $23,966 \div 5.7 =$ |
| 2 | $9.714 \div 1.6 =$ | 12 | ¥ $2,639 \div 40.6 =$ |
| 3 | $53.38 \div 78.5 =$ | 13 | ¥ $5,964 \div 71 =$ |
| 4 | $3,584.8 \div 380 =$ | 14 | ¥ $1,777 \div 0.048 =$ |
| 5 | $5.548 \div 0.076 =$ | 15 | ¥ $18,546 \div 2.5 =$ |
| 6 | $20.978 \div 2.4 =$ | 16 | ¥ $6,617 \div 0.13 =$ |
| 7 | $0.8763 \div 0.0069 =$ | 17 | ¥ $74,678 \div 8.06 =$ |
| 8 | $240.85 \div 91.3 =$ | 18 | ¥ $17,118 \div 634 =$ |
| 9 | $152.95 \div 437 =$ | 19 | ¥ $63 \div 0.0039 =$ |
| 10 | $0.03519 \div 0.51 =$ | 20 | ¥ $79,616 \div 95.2 =$ |

**練習問題2** （ $1\sim10$ は小数第 3 位未満 4 捨 5 入，$11\sim20$ は円未満 4 捨 5 入）

| | | | | |
|---|---|---|---|---|
| 1 | $120.64 \div 15 =$ | 11 | ¥ $2,430 \div 4.6 =$ |
| 2 | $15.829 \div 90.3 =$ | 12 | ¥ $1,035 \div 83.5 =$ |
| 3 | $2,029.4 \div 7.3 =$ | 13 | ¥ $31,968 \div 0.37 =$ |
| 4 | $0.0296 \div 0.84 =$ | 14 | ¥ $25,056 \div 9.28 =$ |
| 5 | $179.76 \div 28.1 =$ | 15 | ¥ $64,168 \div 7.1 =$ |
| 6 | $4,944.4 \div 5.26 =$ | 16 | ¥ $9,515 \div 26.9 =$ |
| 7 | $28.971 \div 3.8 =$ | 17 | ¥ $38,932 \div 52 =$ |
| 8 | $0.3675 \div 0.079 =$ | 18 | ¥ $2,928 \div 0.048 =$ |
| 9 | $2.4487 \div 0.0047 =$ | 19 | ¥ $268 \div 0.0063 =$ |
| 10 | $250.38 \div 64.2 =$ | 20 | ¥ $8,013 \div 1.54 =$ |

**相殺定位法**

**例題** $¥60,000 \times 0.04 \times \dfrac{3}{12} =$

解式　　$¥60,000 \times 0.04 \times 3 \div 12 = ¥600$

キー操作　$60000 \boxtimes \boxdot 04 \boxtimes 3 \boxdiv 12 \boxminus$

**基本問題** （円未満切り捨て）

| | | | | |
|---|---|---|---|---|
| 1 | $¥$ | $70,000$ | $\times\ 0.05\ \times$ | $\dfrac{9}{12} =$ |
| 2 | $¥$ | $30,000$ | $\times\ 0.065\ \times$ | $\dfrac{27}{12} =$ |
| 3 | $¥$ | $48,000$ | $\times\ 0.04\ \times$ | $\dfrac{6}{12} =$ |
| 4 | $¥$ | $62,000$ | $\times\ 0.08\ \times$ | $\dfrac{15}{12} =$ |
| 5 | $¥$ | $85,000$ | $\times\ 0.073\ \times$ | $\dfrac{9}{12} =$ |
| 6 | $¥$ | $37,000$ | $\times\ 0.054\ \times$ | $\dfrac{18}{12} =$ |
| 7 | $¥$ | $92,000$ | $\times\ 0.037\ \times$ | $\dfrac{25}{12} =$ |
| 8 | $¥$ | $50,000$ | $\times\ 0.06\ \times$ | $\dfrac{146}{365} =$ |
| 9 | $¥$ | $40,000$ | $\times\ 0.045\ \times$ | $\dfrac{219}{365} =$ |
| 10 | $¥$ | $73,000$ | $\times\ 0.07\ \times$ | $\dfrac{82}{365} =$ |
| 11 | $¥$ | $64,000$ | $\times\ 0.05\ \times$ | $\dfrac{292}{365} =$ |
| 12 | $¥$ | $29,000$ | $\times\ 0.063\ \times$ | $\dfrac{97}{365} =$ |
| 13 | $¥$ | $86,000$ | $\times\ 0.038\ \times$ | $\dfrac{259}{365} =$ |
| 14 | $¥$ | $35,000$ | $\times\ 0.082\ \times$ | $\dfrac{259}{365} =$ |
| 15 | $¥$ | $521,000$ | $\times\ 0.075\ \times$ | $\dfrac{64}{365} =$ |

⑥補数計算

**基本問題1**

| No. | 1 | 2 | 3 | 4 | 5 | 6 | 7 | 8 | 9 | 10 |
|---|---|---|---|---|---|---|---|---|---|---|
| 1 | 28 | 59 | 16 | 63 | 52 | 33 | 42 | 74 | 53 | 29 |
| 2 | -46 | -87 | -73 | -94 | -68 | -67 | -96 | -94 | -63 | -69 |
| 計 | | | | | | | | | | |

**基本問題2**

| No. | 1 | 2 | 3 | 4 | 5 | 6 | 7 | 8 | 9 | 10 |
|---|---|---|---|---|---|---|---|---|---|---|
| 1 | 27 | 52 | 81 | 93 | 39 | 60 | 47 | 17 | 71 | 97 |
| 2 | 19 | 46 | 62 | -68 | -92 | 43 | -85 | 25 | -63 | -52 |
| 3 | -74 | -73 | -75 | -51 | -45 | -58 | -53 | -60 | 29 | -46 |
| 4 | 16 | -69 | -84 | 25 | 18 | -79 | 48 | -42 | -95 | -85 |
| 計 | | | | | | | | | | |

**基本問題3**

| No. | 1 | 2 | 3 | 4 | 5 | 6 | 7 | 8 | 9 | 10 |
|---|---|---|---|---|---|---|---|---|---|---|
| 1 | 39 | 82 | 51 | 17 | 62 | 40 | 23 | 76 | 31 | 59 |
| 2 | -86 | -96 | -63 | -41 | -71 | -59 | -87 | -90 | -77 | -80 |
| 3 | 75 | 43 | 28 | 74 | 12 | 34 | 94 | 59 | 82 | 61 |
| 計 | | | | | | | | | | |

**練習問題1**

| No. | 1 | 2 | 3 | 4 | 5 | 6 | 7 | 8 | 9 | 10 |
|---|---|---|---|---|---|---|---|---|---|---|
| 1 | 56 | 91 | 27 | 51 | 69 | 74 | 18 | 31 | 43 | 27 |
| 2 | 18 | 28 | 93 | 16 | 47 | 16 | 34 | 28 | 19 | 51 |
| 3 | -79 | -73 | -80 | -93 | -84 | 39 | 29 | 40 | -72 | 60 |
| 4 | -24 | -65 | -61 | 72 | 19 | -80 | -56 | -96 | -58 | -84 |
| 5 | 38 | 40 | 54 | -30 | -75 | -52 | -77 | -57 | 69 | -93 |
| 計 | | | | | | | | | | |

**練習問題2**

| No. | 1 | 2 | 3 | 4 | 5 | 6 | 7 |
|---|---|---|---|---|---|---|---|
| 1 | 526 | 764 | 296 | 142 | 2,046 | 9,215 | 5,137 |
| 2 | -913 | -491 | -807 | 396 | -7,964 | -6,494 | -3,204 |
| 3 | 178 | -607 | 314 | -857 | 1,835 | -7,083 | -6,927 |
| 4 | -305 | 132 | -276 | 620 | -3,521 | 4,152 | 8,085 |
| 計 | | | | | | | |

# 第1章　普通計算

## ①見取算

　珠算を選択した場合は，太枠内の計のみ求め，電卓を選択した場合は，小計・合計・構成比率まで，すべて求めます。ここでは，構成比率を除いた問題を例題として示します。

**例題1　小計・合計を求める見取算**

| No. | 1 | 2 | 3 | 4 | 5 |
|---|---|---|---|---|---|
| 1 | ¥ 546 | ¥ 584 | ¥ 526 | ¥ 574 | ¥ 815 |
| 2 | 654 | 476 | 634 | 638 | 276 |
| 3 | 465 | 695 | 415 | 419 | 943 |
| 計 | | | | | |

| 答えの小計合計 | 小計(1)～(3) | | 小計(4)～(5) | |
|---|---|---|---|---|
| | 合計E(1)～(5) | | | |

**解説**　まず AC 〔S型機種は CA 〕を押し，すべてのメモリーをクリアする（GTやMの表示を消す）。

　　　外国貨幣の見取算の場合，小数点セレクターはADD2に，ラウンドセレクターは5/4にセットする。

(1) 1～3を計算する。

　　546 ⊞ 654 ⊞ 465 ⊟ （答 ¥1,665 を記入）　＊画面にGTの表示，GTメモリーに答を記憶

　　584 ⊞ 476 ⊞ 695 ⊟ （答 ¥1,755 を記入）　＊GTメモリーに答を加えて記憶

　　526 ⊞ 634 ⊞ 415 ⊟ （答 ¥1,575 を記入）　＊GTメモリーに答を加えて記憶

(2) GT を押す。（小計 ¥4,995 を記入）　＊1～3の小計を表示

(3) M+ を押す。　＊画面にMの表示，独立メモリーに記憶

(4) AC を押す。　＊画面のMの表示を残しGTの表示を消す〔S型機種は GT を2回押し， C を押す〕

(5) 4～5を計算する。

　　574 ⊞ 638 ⊞ 419 ⊟ （答 ¥1,631 を記入）　＊画面にGTの表示，GTメモリーに答を記憶

　　815 ⊞ 276 ⊞ 943 ⊟ （答 ¥2,034 を記入）　＊GTメモリーに答を加えて記憶

(6) GT を押す。（小計 ¥3,665 を記入）　＊4～5の小計を表示

(7) M+ を押す。　＊独立メモリーに表示されている答を加えて記憶

(8) MR 〔S型機種は RM 〕を押す。（合計 ¥8,660 を記入）　＊独立メモリーに記憶された合計を表示

　　　計算終了後 AC MC （独立メモリーのクリア）〔S型機種は CA 〕を押し，セレクターを次の問題にあわせる。

## 基本問題1

| No. | 1 | 2 | 3 | 4 | 5 |
|---|---|---|---|---|---|
| 1 | ¥ 517 | ¥ 213 | ¥ 937 | ¥ 458 | ¥ 796 |
| 2 | 826 | 684 | 503 | 120 | 284 |
| 3 | 673 | 835 | 361 | 984 | 507 |
| 4 | 398 | 598 | 724 | 251 | 653 |
| 5 | 489 | 167 | 490 | 374 | 831 |
| 計 | | | | | |

| 答えの小計合計 | 小計(1)～(3) | | 小計(4)～(5) | |
|---|---|---|---|---|
| | 合計E(1)～(5) | | | |

**例題2**　小計・合計・構成比率を求める見取算　（注意）構成比率はパーセントの小数第2位未満4捨5入

| No. | 1 | 2 | 3 | 4 | 5 |
|---|---|---|---|---|---|
| 1 | ¥ 5,465 | ¥ 5,846 | ¥ 5,269 | ¥ 5,743 | ¥ 8,453 |
| 2 | 6,545 | 4,763 | 6,347 | 6,384 | 2,761 |
| 3 | 4,655 | 6,952 | 4,158 | 4,196 | 9,438 |
| 計 | | | | | |

| 答えの<br>小計<br>合計 | 小計(1)～(3) | | | 小計(4)～(5) | |
|---|---|---|---|---|---|
| | 合計E(1)～(5) | | | | |

| 合計Eに<br>対する<br>構成比率 | (1) | (2) | (3) | (4) | (5) |
|---|---|---|---|---|---|
| | (1)～(3) | | | (4)～(5) | |

**解説**　まず AC 〔S型機種は CA 〕を押し，すべてのメモリーをクリアする（GTやMの表示を消す）。小数点
セレクターは0に，ラウンドセレクターは5/4にセットする。

(1) 1～3を計算する。（⊡は入力しなくてよい）

5465 ⊞ 6545 ⊞ 4655 ⊟　（答 ¥ 16,665 を記入）　＊画面にGTの表示，GTメモリーに答を記憶

5846 ⊞ 4763 ⊞ 6952 ⊟　（答 ¥ 17,561 を記入）　＊GTメモリーに答を加えて記憶

5269 ⊞ 6347 ⊞ 4158 ⊟　（答 ¥ 15,774 を記入）　＊GTメモリーに答を加えて記憶

(2) GT を押す。（小計 ¥ 50,000 を記入）　＊1～3の小計を表示

(3) M⊞ を押す。　＊画面にMの表示，独立メモリーに記憶

(4) AC を押す。　＊画面のMの表示を残しGTの表示を消す〔S型機種は GT を2回押し，C を押す〕

(5) 4～5を計算する。

5743 ⊞ 6384 ⊞ 4196 ⊟　（答 ¥ 16,323 を記入）　＊画面にGTの表示，GTメモリーに答を記憶

8453 ⊞ 2761 ⊞ 9438 ⊟　（答 ¥ 20,652 を記入）　＊GTメモリーに答を加えて記憶

(6) GT を押す。（小計 ¥ 36,975 を記入）　＊4～5の小計を表示

(7) M⊞ を押す。　＊独立メモリーに表示されている答を加えて記憶

(8) MR 〔S型機種は RM 〕を押す。（合計 ¥ 86,975 を記入）　＊独立メモリーに記憶された合計を表示

(9) 小数点セレクターを2にセットしなおし，構成比率の計算に移る。

16665 ⊡ MR % と押す。（構成比率 19.16 % を記入）＊1の構成比率を表示〔S型機種は MR の代わりに RM 〕

17561 ⊡ MR % と押す。（構成比率 20.19 % を記入）＊2の構成比率を表示〔S型機種は MR の代わりに RM 〕

15774 ⊡ MR % と押す。（構成比率 18.14 % を記入）＊3の構成比率を表示〔S型機種は MR の代わりに RM 〕

16323 ⊡ MR % と押す。（構成比率 18.77 % を記入）＊4の構成比率を表示〔S型機種は MR の代わりに RM 〕

20652 ⊡ MR % と押す。（構成比率 23.74 % を記入）＊5の構成比率を表示〔S型機種は MR の代わりに RM 〕

50000 ⊡ MR % と押す。（構成比率 57.49 % を記入）＊1～3の構成比率を表示〔S型機種は MR の代わりに RM 〕

36975 ⊡ MR % と押す。（構成比率 42.51 % を記入）＊4～5の構成比率を表示〔S型機種は MR の代わりに RM 〕

このほか，定数計算機能を使う方法，4～5の構成比率を1～3の構成比率の補数として読む方法な
どがある。

計算終了後 AC MC 〔S型機種は CA 〕を押し，セレクターを次の問題にあわせる。

**基本問題2** （注意）構成比率はパーセントの小数第2位未満4捨5入

| No. | 1 | 2 | 3 | 4 | 5 |
|---|---|---|---|---|---|
| 1 | ¥ 246 | ¥ 6,172 | ¥ 439 | ¥ 9,134 | ¥ 6,703 |
| 2 | 8,310 | 961 | 7,954 | 751 | 9,125 |
| 3 | 398 | 5,497 | 1,537 | 2,498 | 739 |
| 4 | 4,725 | 879 | 640 | 362 | 5,724 |
| 5 | 9,172 | 4,206 | 9,406 | 1,453 | 482 |
| 6 | 649 | 7,265 | 823 | 695 | 3,681 |
| 7 | 2,654 | 493 | 5,961 | 5,047 | 278 |
| 計 | | | | | |

| 答えの小計合計 | 小計(1)～(3) | | | 小計(4)～(5) | |
|---|---|---|---|---|---|
| | 合計 E (1)～(5) | | | | |

| 合計 E に対する構成比率 | (1) | (2) | (3) | (4) | (5) |
|---|---|---|---|---|---|
| | (1)～(3) | | | (4)～(5) | |

**練習問題** （注意）構成比率はパーセントの小数第2位未満4捨5入

| No. | 1 | 2 | 3 | 4 | 5 |
|---|---|---|---|---|---|
| 1 | $ 4.72 | $ 60.39 | $ 9.50 | $ 342.85 | $ 803.96 |
| 2 | 18.39 | 27.10 | 620.24 | 76.78 | 4.08 |
| 3 | 3.10 | 51.47 | -1.73 | 184.95 | -31.54 |
| 4 | 90.58 | 35.86 | -47.69 | 97.46 | -72.44 |
| 5 | 6.23 | 96.05 | 35.18 | 538.10 | 190.62 |
| 6 | 71.06 | 83.94 | -2.87 | 43.59 | -7.37 |
| 7 | 89.45 | 19.28 | -489.05 | 831.21 | -45.09 |
| 8 | 2.98 | 48.17 | 82.42 | 98.73 | 1.27 |
| 9 | 51.67 | 76.56 | 73.21 | 651.32 | 925.68 |
| 10 | 6.30 | 30.92 | 106.38 | 25.24 | 81.79 |
| 計 | | | | | |

| 答えの小計合計 | 小計(1)～(3) | | | 小計(4)～(5) | |
|---|---|---|---|---|---|
| | 合計 E (1)～(5) | | | | |

| 合計 E に対する構成比率 | (1) | (2) | (3) | (4) | (5) |
|---|---|---|---|---|---|
| | (1)～(3) | | | (4)～(5) | |

## ②乗算

珠算を選択した場合は，太枠内のみ求め，電卓を選択した場合は，小計・合計・構成比率まで，すべて求めます。ここでは，その例題を示します。

### 例題

(注意) 円未満4捨5入，構成比率はパーセントの小数第2位未満4捨5入

| | | | 答えの小計・合計 | 合計Aに対する構成比率 | |
|---|---|---|---|---|---|
| 1 | ¥ 423 × 506 = | | 小計(1)～(3) | (1) | (1)～(3) |
| 2 | ¥ 6,187 × 7.1 = | | | (2) | |
| 3 | ¥ 925 × 23.04 = | | | (3) | |
| 4 | ¥ 1,362 × 948 = | | 小計(4)～(5) | (4) | (4)～(5) |
| 5 | ¥ 84,510 × 0.379 = | | | (5) | |
| | | | 合計A(1)～(5) | | |

解説　まず，記号が¥なので小数点セレクターを0，ラウンドセレクターを5/4にセットする。

(1) 1～3を計算する。

　　423☒506＝　（答¥214,038を記入）　＊画面にGTの表示，GTメモリーに答を記憶

　　6187☒7.1＝　（答¥43,928を記入）　＊GTメモリーに答を加えて記憶

　　925☒23.04＝　（答¥21,312を記入）　＊GTメモリーに答を加えて記憶

(2) GTを押す。（小計¥279,278を記入）　　＊1～3の小計を表示

(3) M+を押す。　＊画面にMの表示，独立メモリーに記憶

(4) ACを押す。　＊画面のMの表示を残しGTの表示を消す〔S型機種はGTを2回押し，Cを押す〕

(5) 4～5を計算する。

　　1362☒948＝　（答¥1,291,176を記入）　　＊画面にGTの表示，GTメモリーに答を記憶

　　84510☒.379＝　（答¥32,029を記入）　　＊GTメモリーに答を加えて記憶

(6) GTを押す。（小計¥1,323,205を記入）　＊4～5の小計を表示

(7) M+を押す。　＊独立メモリーに表示されている答を加えて記憶

(8) MR〔S型機種はRM〕を押す。（合計¥1,602,483を記入）　＊独立メモリーに記憶された合計を表示

(9) 小数点セレクターを2にセットし，構成比率の計算に移る。ここでは定数計算機能を利用する。

　　÷÷214038％　（構成比率13.36%を記入）　＊1の構成比率を表示

　　〔S型機種は214038÷RM％と押す〕

　　43928％　（構成比率2.74%を記入）　＊2の構成比率を表示

　　21312％　（構成比率1.33%を記入）　＊3の構成比率を表示

　　1291176％　（構成比率80.57%を記入）　　＊4の構成比率を表示

　　32029％　（構成比率2.00%を記入）　　＊5の構成比率を表示

　　279278％　（構成比率17.43%を記入）　　＊1～3の構成比率を表示

　　1323205％　（構成比率82.57%を記入）　　＊4～5の構成比率を表示

計算の終了後ACMC〔S型機種はCA〕を押し，セレクターを次の問題にあわせる。

**基本問題**

(注意) 円未満４捨５入、構成比率はパーセントの小数第２位未満４捨５入

| | | |
|---|---|---|
| 1 | ¥ | 3,927 × 62 = |
| 2 | ¥ | 714 × 45.3 = |
| 3 | ¥ | 5,068 × 8.75 = |
| 4 | ¥ | 94,870 × 0.19 = |
| 5 | ¥ | 2,687 × 3,056 = |

| 答えの小計・合計 | | 合計Aに対する構成比率 |
|---|---|---|
| 小計(1)～(3) | (1) | (1)～(3) |
| | (2) | |
| | (3) | |
| 小計(4)～(5) | (4) | (4)～(5) |
| | (5) | |
| 合計A(1)～(5) | | |

**練習問題**

(注意) セント未満４捨５入、構成比率はパーセントの小数第２位未満４捨５入

| | | |
|---|---|---|
| 1 | € | 23.59 × 34 = |
| 2 | € | 190.43 × 72.2 = |
| 3 | € | 602.75 × 0.84 = |
| 4 | € | 5.88 × 4,927 = |
| 5 | € | 86.51 × 7.36 = |

| 答えの小計・合計 | | 合計Aに対する構成比率 |
|---|---|---|
| 小計(1)～(3) | (1) | (1)～(3) |
| | (2) | |
| | (3) | |
| 小計(4)～(5) | (4) | (4)～(5) |
| | (5) | |
| 合計A(1)～(5) | | |

### ③除算

乗算と同様に，珠算を選択した場合は，太枠内のみ求め，電卓を選択した場合は，小計・合計・構成比率まで，すべて求めます。ここでは，その例題を示します。

#### 例題

(注意) セント未満4捨5入，構成比率はパーセントの小数第2位未満4捨5入

| | | 答えの小計・合計 | 合計Aに対する構成比率 | |
|---|---|---|---|---|
| / | $ 209.78 ÷ 34 = | 小計(1)〜(3) | (1) | (1)〜(3) |
| 2 | $ 1,270.20 ÷ 290 = | | (2) | |
| 3 | $ 4.66 ÷ 5.71 = | | (3) | |
| 4 | $ 635.73 ÷ 8.3 = | 小計(4)〜(5) | (4) | (4)〜(5) |
| 5 | $ 1,301.03 ÷ 92.6 = | | (5) | |
| | | 合計A(1)〜(5) | | |

**解説** まず，記号が $ なので小数点セレクターを2，ラウンドセレクターを5/4にセットする。

(1)/〜3を計算する。

209.78÷34= （答$6.17を記入）

1270.20÷290= （答$4.38を記入）

4.66÷5.71= （答$0.82を記入）

(2)GTを押す。（小計$11.37を記入）

(3)M+を押す。

(4)ACを押す。 ＊画面のMの表示を残しGTの表示を消す〔S型機種はGTを2回押し，Cを押す〕

(5)4〜5を計算する。

635.73÷8.3= （答$76.59を記入）

1301.03÷92.6= （答$14.05を記入）

(6)GTを押す。（小計$90.64を記入）

(7)M+を押す。

(8)MR〔S型機種はRM〕を押す。（合計$102.01を記入）

(9)小数点セレクターを2にセットしたまま，構成比率の計算に移る。ここでは定数計算機能を利用する。

÷÷6.17% （構成比率6.05%を記入） ＊/の構成比率を表示

〔S型機種は6.17÷RM%と押す〕

4.38% （構成比率4.29%を記入） ＊2の構成比率を表示

0.82% （構成比率0.80%を記入） ＊3の構成比率を表示

76.59% （構成比率75.08%を記入） ＊4の構成比率を表示

14.05% （構成比率13.77%を記入） ＊5の構成比率を表示

11.37% （構成比率11.15%を記入） ＊/〜3の構成比率を表示

90.64% （構成比率88.85%を記入） ＊4〜5の構成比率を表示

計算の終了後ACMC〔S型機種はCA〕を押し，セレクターを次の問題にあわせる。

**基本問題**

(注意) セント未満 4 捨 5 入，構成比率はパーセントの小数第 2 位未満 4 捨 5 入

| | |
|---|---|
| 1 | € 9.59 ÷ 3.5 = |
| 2 | € 584.73 ÷ 791 = |
| 3 | € 13.83 ÷ 0.97 = |
| 4 | € 2,428.02 ÷ 658 = |
| 5 | € 254.88 ÷ 4.92 = |

| 答えの小計・合計 | | 合計 A に対する構成比率 | |
|---|---|---|---|
| 小計(1)～(3) | (1) | (1)～(3) | |
| | (2) | | |
| | (3) | | |
| 小計(4)～(5) | (4) | (4)～(5) | |
| | (5) | | |
| 合計 A(1)～(5) | | | |

**練習問題**

(注意) 円未満 4 捨 5 入，構成比率はパーセントの小数第 2 位未満 4 捨 5 入

| | |
|---|---|
| 1 | ¥ 55,063 ÷ 697 = |
| 2 | ¥ 31,877 ÷ 50.2 = |
| 3 | ¥ 784 ÷ 0.94 = |
| 4 | ¥ 2,447,598 ÷ 4,866 = |
| 5 | ¥ 650 ÷ 3.41 = |

| 答えの小計・合計 | | 合計 A に対する構成比率 | |
|---|---|---|---|
| 小計(1)～(3) | (1) | (1)～(3) | |
| | (2) | | |
| | (3) | | |
| 小計(4)～(5) | (4) | (4)～(5) | |
| | (5) | | |
| 合計 A(1)～(5) | | | |

## （A）乗　算　問　題

（注意）セント未満4捨5入、構成比率はパーセントの小数第2位未満4捨5入

| | | |
|---|---|---|
| 1 | $ | 15.07 × 26 = |
| 2 | $ | 0.51 × 580 = |
| 3 | $ | 5.08 × 9.61 = |
| 4 | $ | 4.04 × 0.819 = |
| 5 | $ | 3.96 × 7.5 = |

（注意）円未満4捨5入、構成比率はパーセントの小数第2位未満4捨5入

| | | |
|---|---|---|
| 6 | ¥ | 938 × 9,204 = |
| 7 | ¥ | 8,382 × 641.9 = |
| 8 | ¥ | 69 × 3,082 = |
| 9 | ¥ | 72,150 × 0.0833 = |
| 10 | ¥ | 27,643 × 417 = |

| 答えの小計・合計 | | 合計Aに対する構成比率 | |
|---|---|---|---|
| 小計(1)～(3) | (1) | (1)～(3) | |
| | (2) | | |
| | (3) | | |
| 小計(4)～(5) | (4) | (4)～(5) | |
| | (5) | | |
| 合計A(1)～(5) | | | |

| 答えの小計・合計 | | 合計Bに対する構成比率 | |
|---|---|---|---|
| 小計(6)～(8) | (6) | (6)～(8) | |
| | (7) | | |
| | (8) | | |
| 小計(9)～(10) | (9) | (9)～(10) | |
| | (10) | | |
| 合計B(6)～(10) | | | |

## (B) 除　算　問　題

(注意) 円未満 4 捨 5 入、構成比率はパーセントの小数第 2 位未満 4 捨 5 入

| | |
|---|---|
| 1 | ¥ 7,693 ÷ 157 = |
| 2 | ¥ 183,105 ÷ 939 = |
| 3 | ¥ 309 ÷ 4.26 = |
| 4 | ¥ 22,120 ÷ 79 = |
| 5 | ¥ 34 ÷ 0.0513 = |

| 答えの小計・合計 | 合計 C に対する構成比率 |
|---|---|
| (1) | (1)～(3) |
| (2) | |
| (3) | |
| 小計(1)～(3) | |
| (4) | (4)～(5) |
| (5) | |
| 小計(4)～(5) | |
| 合計 C (1)～(5) | |

(注意) セント未満 4 捨 5 入、構成比率はパーセントの小数第 2 位未満 4 捨 5 入

| | |
|---|---|
| 6 | € 4,170.25 ÷ 801.2 = |
| 7 | € 2,273.32 ÷ 2,471 = |
| 8 | € 10.01 ÷ 6.5 = |
| 9 | € 3.51 ÷ 0.864 = |
| 10 | € 28,657.36 ÷ 328 = |

| 答えの小計・合計 | 合計 D に対する構成比率 |
|---|---|
| (6) | (6)～(8) |
| (7) | |
| (8) | |
| 小計(6)～(8) | |
| (9) | (9)～(10) |
| (10) | |
| 小計(9)～(10) | |
| 合計 D (6)～(10) | |

(注意) 構成比率はパーセントの小数第2位未満4捨5入　　　　(C) 見 取 算 問 題

| No. | 1 | 2 | 3 | 4 | 5 |
|---|---|---|---|---|---|
| | € | € | € | € | € |
| 1 | 4.51 | 8.34 | 75.01 | 9.12 | 54.91 |
| 2 | 2.96 | 6.55 | 86.30 | 94.43 | 73.83 |
| 3 | 5.08 | 7.67 | 26.81 | 1.76 | -8.64 |
| 4 | 8.84 | 6.21 | 85.49 | 60.57 | 40.02 |
| 5 | 1.39 | 1.29 | -50.13 | 9.05 | -36.98 |
| 6 | 4.57 | 9.07 | 67.22 | 2.95 | -5.17 |
| 7 | 9.12 | 5.41 | -49.95 | 83.60 | 27.60 |
| 8 | 6.04 | 2.14 | 12.80 | 8.12 | 19.52 |
| 9 | 3.73 | 7.09 | 93.74 | 4.51 | |
| 10 | 7.25 | 3.08 | -34.76 | 7.73 | |
| 11 | | 9.23 | | 23.06 | |
| 12 | | 8.57 | | 4.88 | |
| 計 | | | | | |

| | 答えの小計合計 | 小計(1)〜(3) | | | 小計(4)〜(5) | |
| | | 合計E(1)〜(5) | | | | |
| | 合計Eに対する構成比率 | (1) | (2) | (3) | (4) | (5) |
| | | (1)〜(3) | | | (4)〜(5) | |

（注意） 構成比率はパーセントの小数第 2 位未満 4 捨 5 入

| No. | 6 | 7 | 8 | 9 | 10 |
|---|---|---|---|---|---|
| | ¥ | ¥ | ¥ | ¥ | ¥ |
| 1 | 59,236 | 650,985 | 89,576 | 13,870 | 2,457 |
| 2 | 6,231 | 41,954 | 10,945 | 61,802 | 7,503 |
| 3 | 180,985 | 68,090 | 95,819 | 42,295 | 1,389 |
| 4 | 5,470 | 8,527,142 | -5,673 | 51,857 | -3,365 |
| 5 | 339 | 406,577 | 45,352 | 20,177 | 6,083 |
| 6 | 912 | 10,493 | -20,049 | 84,331 | 7,204 |
| 7 | 656,207 | 92,661 | 2,736 | 36,089 | -8,168 |
| 8 | 4,084 | 253,738 | 37,930 | 94,763 | 7,452 |
| 9 | 45,889 | 3,974,184 | -21,697 | 64,590 | 1,640 |
| 10 | 596 | 32,310 | -74,618 | 24,569 | -6,029 |
| 11 | 2,014 | 7,013,872 | 6,502 | | -3,201 |
| 12 | 721 | 562,986 | 61,183 | | 4,796 |
| 13 | 7,373 | | 48,374 | | 1,985 |
| 14 | 104 | | -2,818 | | -9,152 |
| 15 | 687 | | 4,320 | | 7,498 |
| 計 | | | | | |

| 答えの | 小計 | 小計(6)～(8) | | (7) | | (8) | | 小計(9)～(10) | | (10) |
|---|---|---|---|---|---|---|---|---|---|---|
| | 合計 | 合計 F (6)～(10) | | | | | | | | |
| 合計 F に | (6) | | | | | | | (9) | | |
| 対する | 構成比率 | (6)～(8) | | | | | | (9)～(10) | | |

**問題2**

## (A) 乗 算 問 題

(注意) セント未満４捨５入、構成比率はパーセントの小数第２位未満４捨５入

| | | 答えの小計・合計 | 合計Aに対する構成比率 |
|---|---|---|---|
| 1 | € 2.81 × 748 = | (1) | (1)～(3) |
| 2 | € 43.49 × 59.16 = | (2) | |
| 3 | € 81.70 × 0.52 = | (3) | |
| | | 小計(1)～(3) | |
| 4 | € 7.28 × 83.25 = | (4) | (4)～(5) |
| 5 | € 6.57 × 409 = | (5) | |
| | | 小計(4)～(5) | |
| | | 合計A(1)～(5) | |

(注意) 円未満４捨５入、構成比率はパーセントの小数第２位未満４捨５入

| | | 答えの小計・合計 | 合計Bに対する構成比率 |
|---|---|---|---|
| 6 | ¥ 5,096 × 1,670 = | (6) | (6)～(8) |
| 7 | ¥ 10,962 × 34 = | (7) | |
| 8 | ¥ 345 × 65.01 = | (8) | |
| | | 小計(6)～(8) | |
| 9 | ¥ 2.3 × 96,787 = | (9) | (9)～(10) |
| 10 | ¥ 9,814 × 2.383 = | (10) | |
| | | 小計(9)～(10) | |
| | | 合計B(6)～(10) | |

# （B） 除　算　問　題

## 答えの小計・合計 ／ 合計Cに対する構成比率

| 答えの小計・合計 | | 合計Cに対する構成比率 | |
|---|---|---|---|
| 小計(1)～(3) | (1) | (1)～(3) | |
| | (2) | | |
| | (3) | | |
| 小計(4)～(5) | (4) | (4)～(5) | |
| | (5) | | |
| 合計C(1)～(5) | | | |

## 答えの小計・合計 ／ 合計Dに対する構成比率

| 答えの小計・合計 | | 合計Dに対する構成比率 | |
|---|---|---|---|
| 小計(6)～(8) | (6) | (6)～(8) | |
| | (7) | | |
| | (8) | | |
| 小計(9)～(10) | (9) | (9)～(10) | |
| | (10) | | |
| 合計D(6)～(10) | | | |

（注意）セント未満4捨5入、構成比率はパーセントの小数第2位未満4捨5入

| | |
|---|---|
| 1 | $ 1,253.20 ÷ 26 = |
| 2 | $ 30,378.40 ÷ 4,784 = |
| 3 | $ 3,241.84 ÷ 827 = |
| 4 | $ 16.86 ÷ 31.5 = |
| 5 | $ 472.64 ÷ 5.03 = |

（注意）円未満4捨5入、構成比率はパーセントの小数第2位未満4捨5入

| | |
|---|---|
| 6 | ¥ 22,191 ÷ 569 = |
| 7 | ¥ 8,085 ÷ 96.25 = |
| 8 | ¥ 2,674 ÷ 0.034 = |
| 9 | ¥ 449,998 ÷ 71 = |
| 10 | ¥ 468 ÷ 10.9 = |

（注意）構成比率はパーセントの小数第2位未満4捨5入

## （C） 見 取 算 問 題

| No. | 1 | 2 | 3 | 4 | 5 |
|---|---|---|---|---|---|
| 1 | $ 25.07 | $ 5.49 | $ 639.25 | $ 3.86 | $ 2.65 |
| 2 | 8.39 | 9.73 | 465.11 | 471.35 | 5.41 |
| 3 | 95.17 | 1.62 | 106.48 | 38.19 | 3.72 |
| 4 | 88.60 | -5.20 | 470.95 | 5.04 | -6.94 |
| 5 | 4.79 | 5.86 | 228.63 | 167.16 | 1.46 |
| 6 | 37.22 | 8.93 | 510.37 | 89.40 | 8.70 |
| 7 | 6.64 | -6.19 | 772.80 | 4.72 | 2.41 |
| 8 | 8.05 | -4.27 | 386.94 | 52.85 | 3.70 |
| 9 | 14.53 | 2.04 | | 906.27 | -1.07 |
| 10 | 6.41 | 3.78 | | 20.39 | -7.85 |
| 11 | | -1.96 | | | 8.39 |
| 12 | | 7.80 | | | 9.10 |
| 13 | | | | | -3.52 |
| 14 | | | | | 2.68 |
| 15 | | | | | 4.93 |
| 計 | | | | | |

| 答えの | 小計(1)～(3) | | 小計(4)～(5) | |
|---|---|---|---|---|
| 小計<br>合計 | 合計E(1)～(5) | | | |

| 合計Eに<br>対する<br>構成比率 | (1) | (2) | (3) | (4) | (5) |
|---|---|---|---|---|---|
| | (1)～(3) | | | (4)～(5) | |

(注意) 構成比率はパーセントの小数第2位未満4捨5入

| No. | 6 ¥ | 7 ¥ | 8 ¥ | 9 ¥ | 10 ¥ |
|---|---|---|---|---|---|
| 1 | 71,830 | 10,278 | 3,256 | 68,752 | 24,107 |
| 2 | 36,951 | 624,732 | 15,804 | 45,810 | 3,940 |
| 3 | 24,478 | -91,686 | 6,702,413 | 56,327 | 182,035 |
| 4 | 48,703 | 8,094 | 936,620 | -82,496 | 47,681 |
| 5 | 15,264 | 79,850 | 2,614,379 | 34,601 | 528 |
| 6 | 80,192 | 7,123 | 4,078,195 | -19,783 | 9,156,786 |
| 7 | 76,540 | -35,461 | 523,086 | 40,579 | 31,492 |
| 8 | 39,685 | -6,317 | 9,747 | 93,316 | 836 |
| 9 | 62,094 | 14,995 | 8,450,918 | -25,904 | 5,960,804 |
| 10 | 57,356 | 2,530 | 7,296,531 | 70,628 | 12,273 |
| 11 | 13,129 | -7,604 | | | 3,759 |
| 12 | 98,217 | 5,289 | | | 709,642 |
| 13 | | 8,341 | | | 5,017 |
| 14 | | 59,062 | | | 461,938 |
| 15 | | | | | |
| 計 | | | | | |

| 答えの小計合計 | 小計(6)~(8) | | | | 小計(9)~(10) | |
|---|---|---|---|---|---|---|
| | 合計F(6)~(10) | | | | | |
| 合計Fに対する構成比率 | (6)~(8) | (6) | (7) | (8) | (9)~(10) | (9) (10) |

48

# 第2章　ビジネス計算

## ①割合の表し方

百分率＝小数に100をかけて％をつけたもの

歩　合＝小数を1桁ごとに単位をつけて表したもの

　　　　　小数第1位を「割」，小数第2位を「分」，小数第3位を「厘」，小数第4位を「毛」，小数第5位を「糸」という。

　　　　0.1　2　3　4　5　←1割2分3厘4毛5糸

　　　　　　割　分　厘　毛　糸

割合の表し方の対比　　小　数　⇔　百分率　⇔　歩　合　⇔　分　数

　　　　　　　　　　0.27　＝　27％　＝　2割7分　＝　$\dfrac{27}{100}$

| 小　　数 | 百 分 率 | 歩　　合 | 分　　数 |
|---|---|---|---|
| (1) | (100%) | (10割) | $\dfrac{1}{1}$ |
| 0.1 | 10　％ | 1割 | $\dfrac{1}{10}$ |
| 0.01 | 1　％ | 1分 | $\dfrac{1}{100}$ |
| 0.001 | 0.1　％ | 1厘 | $\dfrac{1}{1,000}$ |
| 0.0001 | 0.01％ | 1毛 | $\dfrac{1}{10,000}$ |

**基本問題1**

| 小　　数 | 百 分 率 | 歩　　合 |
|---|---|---|
| 0.24 | | |
| 0.075 | | |
| | 4.6% | |
| | 10.8% | |
| | | 3分5厘 |

**基本問題2**　小数を百分率になおしなさい。

(1) 0.28 ＝

(2) 0.365 ＝

(3) 0.0194 ＝

(4) 0.507 ＝

(5) 1.42 ＝

**基本問題3**　小数を歩合になおしなさい。

(1) 0.64 ＝

(2) 0.091 ＝

(3) 0.8024 ＝

(4) 0.753 ＝

(5) 1.036 ＝

**基本問題4**　百分率を小数になおしなさい。

(1) 35.4％ ＝

(2) 10.08％ ＝

(3) 7.25％ ＝

(4) 29.06％ ＝

(5) 104.5％ ＝

**基本問題5**　歩合を小数になおしなさい。

(1) 2割9分8厘4毛 ＝

(2) 3分6毛 ＝

(3) 1割7厘 ＝

(4) 5割2分2毛 ＝

(5) 10割8分5厘 ＝

**基本問題6**　割合を表す分数を百分率になおしなさい。

(1) $\dfrac{67}{100}$ ＝　　　(2) $\dfrac{103}{1,000}$ ＝　　　(3) $\dfrac{9}{1,000}$ ＝　　　(4) $\dfrac{7}{25}$ ＝

**基本問題7** 歩合を小数と百分率になおしなさい。

| 歩　　合 | 小　　数 | 百　分　率 |
|---|---|---|
| 4分6厘9毛 | | |
| 1割3厘 | | |
| 2割7分8厘5毛 | | |
| 4分7毛 | | |
| 3割4厘2毛1糸 | | |

**基本問題8** 小数を百分率と歩合になおしなさい。

| 小　　数 | 百　分　率 | 歩　　合 |
|---|---|---|
| 0.152 | | |
| 0.068 | | |
| 0.4009 | | |
| 0.2073 | | |
| 0.0041 | | |

**基本問題9** 百分率を小数と歩合になおしなさい。

| 百　分　率 | 小　　数 | 歩　　合 |
|---|---|---|
| 75.3% | | |
| 0.48% | | |
| 10.09% | | |
| 6.302% | | |
| 0.021% | | |

## ②割合の計算
### [比較量を求める]

基準量×割合＝比較量

基　準　量　　　　　　　　比較量

---

**例題1** ￥100の20%はいくらか。

解式　　￥100×0.2＝￥20

キー操作　100☒0.2═

または　100☒20%

＊パーセント以外の割合は小数になおして計算する　　　　答　　　　￥20

---

**基本問題1**

(1) ￥800,000の1割6分はいくらか。

答＿＿＿＿＿＿＿＿＿＿＿

(2) ￥400,000の35%はいくらか。

答＿＿＿＿＿＿＿＿＿＿＿

(3) ￥350,000の8.2%はいくらか。

答＿＿＿＿＿＿＿＿＿＿＿

(4) ￥650,000の4割5厘はいくらか。

答＿＿＿＿＿＿＿＿＿＿＿

**[割合や基準量を求める]**

比較量は，基準量に割合をかけて求めたものだから，

| 比較量÷基準量＝割合 | となり， | 比較量÷割合＝基準量 | となる。

---

**例題2**　¥20は¥100の何パーセントか。

解式　　　¥20÷¥100＝0.2
キー操作　20÷100%　　　　　　　　　　　　　　　　　　答　　　　20%

---

**基本問題2**

(1)　¥63,000は¥700,000の何パーセントか。

答＿＿＿＿＿＿＿＿

(2)　¥900,000は¥3,000,000の何割か。

答＿＿＿＿＿＿＿＿

(3)　¥1,677,000は¥6,450,000の何パーセントか。

答＿＿＿＿＿＿＿＿

(4)　¥244,200は¥925,000の何割何分何厘か。

答＿＿＿＿＿＿＿＿

---

**例題3**　ある金額の20％が¥20であった。ある金額はいくらか。

解式　　　¥20÷0.2＝¥100
キー操作　20÷.2＝　または　20÷20%　　　　　　　　　　答　　　　¥100

---

**基本問題3**

(1)　ある金額の8分が¥40,000であった。ある金額はいくらか。

答＿＿＿＿＿＿＿＿

(2)　ある金額の60％が¥9,000であった。ある金額はいくらか。

答＿＿＿＿＿＿＿＿

(3)　ある金額の28.6％が¥207,350であった。ある金額はいくらか。

答＿＿＿＿＿＿＿＿

(4)　ある金額の7分5厘が¥22,110であった。ある金額はいくらか。

答＿＿＿＿＿＿＿＿

---

**基本問題4**

(1)　¥6,000の3％はいくらか。　　　　　　　　　　　答＿＿＿＿＿＿＿＿

(2)　¥40は¥100の何パーセントか。　　　　　　　　答＿＿＿＿＿＿＿＿

(3)　ある金額の1割8分が¥9,000であった。ある金額はいくらか。　答＿＿＿＿＿＿＿＿

(4)　¥50,000の5分はいくらか。　　　　　　　　　　答＿＿＿＿＿＿＿＿

(5)　ある金額の20％が¥800であった。ある金額はいくらか。　答＿＿＿＿＿＿＿＿

(6)　¥600は¥2,000の何割か。　　　　　　　　　　　答＿＿＿＿＿＿＿＿

(7)　¥32,000の40％はいくらか。　　　　　　　　　　答＿＿＿＿＿＿＿＿

## ［割り増しと割り引きの計算］

---

**例題4－①** ¥100の20％増しはいくらか。

解式 　¥100×0.2＝¥20
　　　　¥100＋¥20＝¥120

または 　¥100×（1＋0.2）＝¥120

キー操作 　100⊠20％⊞〔S型はさらに⊜を押す〕
または 　100⊠120％

答　　　　¥120

---

**例題4－②** ¥100の20％引きはいくらか。

解式 　¥100×0.2＝¥20
　　　　¥100－¥20＝¥80

または 　¥100×（1－0.2）＝¥80

キー操作 　100⊠20％⊟〔S型はさらに⊜を押す〕
または 　100⊠80％

答　　　　¥80

---

## 基本問題5

(1) ¥400,000の20％増しはいくらか。

答 _____

(2) ¥700,000の3割8分増しはいくらか。

答 _____

(3) ¥830,000の19％増しはいくらか。

答 _____

## 基本問題6

(1) ¥500,000の3割引きはいくらか。

答 _____

(2) ¥600,000の17％引きはいくらか。

答 _____

(3) ¥480,000の2割6分引きはいくらか。

答 _____

**[割り増し・割り引きの結果から基準量を求める]**

割り増しの結果は，基準量の割合（ノ）に割合を加えたものだから（ノ＋割合）になります。

**例題4−①** の別解式は 割り増しの結果＝基準量×（ノ＋割合）から

基準量＝割り増しの結果÷（ノ＋割合）

---

**例題5−①** ある金額の20％増しが¥4,800であった。ある金額はいくらか。

解式 ¥4,800÷（ノ＋0.2）＝¥4,000

キー操作 ノ⊞・2⊟÷4800＝ 答 ¥4,000

〔S型機種の場合〕 ノ⊞・2＝4800÷⑰⑦＝

---

割り引きの結果は，基準量の割合（ノ）から割合を差し引いたものだから（ノ−割合）になります。

**例題4−②** の別解式は 割り引きの結果＝基準量×（ノ−割合）から

基準量＝割り引きの結果÷（ノ−割合）

---

**例題5−②** ある金額の2割引きが¥3,200であった。ある金額はいくらか。

解式 ¥3,200÷（ノ−0.2）＝¥4,000

キー操作 ノ⊟・2⊟÷3200＝ 答 ¥4,000

〔S型機種の場合〕 ノ⊟・2＝3200÷⑰⑦＝

---

## 基本問題7

(1) ある金額の40％増しが¥980,000であった。ある金額はいくらか。

答 ＿＿＿＿＿＿＿＿＿＿＿

(2) ある金額の2割5分増しが¥750,000であった。ある金額はいくらか。

答 ＿＿＿＿＿＿＿＿＿＿＿

(3) ある金額の16.5％増しが¥955,300であった。ある金額はいくらか。

答 ＿＿＿＿＿＿＿＿＿＿＿

(4) ある金額の3割8厘増しが¥621,300であった。ある金額はいくらか。

答 ＿＿＿＿＿＿＿＿＿＿＿

## 基本問題8

(1) ある金額の30％引きが¥490,000であった。ある金額はいくらか。

答 ＿＿＿＿＿＿＿＿＿＿＿

(2) ある金額の2割引きが¥320,000であった。ある金額はいくらか。

答 ＿＿＿＿＿＿＿＿＿＿＿

(3) ある金額の12.5％引きが¥315,000であった。ある金額はいくらか。

答 ＿＿＿＿＿＿＿＿＿＿＿

(4) ある金額の4割2分8厘引きが¥143,000であった。ある金額はいくらか。

答 ＿＿＿＿＿＿＿＿＿＿＿

## [増加量・減少量の割合を求める]

基準量と割り増しの結果の差は，（割り増しの結果 − 基準量）＝比較量（増加量）。

基準量と割り引きの結果の差は，（基準量 − 割り引きの結果）＝比較量（減少量）。

比較量の割合を求めるには，比較量を基準量で割ればよい。

増加量・減少量の割合＝比較量（増加量・減少量）÷基準量

---

**例題6−①** ¥420は¥300の何パーセント増しか。

解式　　¥420−¥300＝¥120

　　　　¥120÷¥300＝0.4

キー操作　420⊟300⊞300％

答　　　　40％増し

---

**例題6−②** ¥180は¥300の何割引きか。

解式　　¥300−¥180＝¥120

　　　　¥120÷¥300＝0.4

キー操作　300⊟180⊞300％

答　　　　4割引き

---

## 基本問題9

(1) ¥900,000は¥600,000の何割増しか。

答　　　　　　　　

(2) ¥600,000は¥500,000の何パーセント増しか。

答　　　　　　　　

(3) ¥400,000は¥320,000の何割何分増しか。

答　　　　　　　　

(4) ¥531,000は¥450,000の何パーセント増しか。

答　　　　　　　　

## 基本問題10

(1) ¥400,000は¥500,000の何パーセント引きか。

答　　　　　　　　

(2) ¥180,000は¥200,000の何割引きか。

答　　　　　　　　

(3) ¥570,000は¥760,000の何パーセント引きか。

答　　　　　　　　

(4) ¥561,000は¥850,000の何パーセント引きか。

答

**練習問題**

(1) ¥194,500の32%はいくらか。

答 _____

(2) 定期代¥138,600のうち，バス代が¥76,230であった。バス代は定期代の何パーセントにあたるか。

答 _____

(3) 家賃の5%にあたる¥2,650が管理費である。家賃はいくらか。

答 _____

(4) ¥47,223は¥59,400の何パーセントか。パーセントの小数第1位まで求めよ。

答 _____

(5) 光熱費¥28,750のうち，48%が電気代である。電気代はいくらか。

答 _____

(6) ¥876,000の17.5%引きはいくらになるか。

答 _____

(7) ある商品をもとの値段の5%引きの¥427,500で販売した。もとの値段はいくらか。

答 _____

(8) 先月のガス代は¥19,600で今月は先月より10.5%増しであった。今月のガス代はいくらか。

答 _____

(9) ¥879,200は¥785,000の何パーセント増しになるか。

答 _____

(10) ¥913,200の商品を13.5%引きで売った。売った値段はいくらか。

答 _____

(11) 物価が上がったため，ある商品を18.8%増しの¥861,300に値段を付け替えた。もとの値段はいくらか。

答 _____

(12) ¥685,000の商品を¥619,240で販売した。何パーセント引きで売ったことになるか。パーセントの小数第1位まで求めよ。

答 _____

### ③売買・損益に関する計算

#### [代価と仕入数量]

代価……商品を売買するときの代金
建………基準となる商品の一定数量
建値……建で示される価格
単価……1個（その商品の数える単位）あたりの価格
公式　代価＝単価×取引数量　　建と建値については2級編で説明

---

**例題1**　10ダースにつき￥1,500の商品を700ダース販売した。代価はいくらか。

解式　　　￥1,500÷10×700＝￥105,000
　　　　　1ダースあたりの単価

キー操作　1500÷10×700＝
　　　　　　　　　　　　　　　　　　　　　　　　　　答　　￥105,000

#### 基本問題1

(1)　10ダースにつき￥3,400の商品を900ダース販売した。代価はいくらか。

　　　　　　　　　　　　　　　　　　　　　　　　　　答

(2)　10Lにつき￥8,200の商品を400L販売した。代価はいくらか。

　　　　　　　　　　　　　　　　　　　　　　　　　　答

(3)　60kgにつき￥9,600の商品を300kg販売した。代価はいくらか。

　　　　　　　　　　　　　　　　　　　　　　　　　　答

---

**例題2**　ある商品を1個につき￥600で仕入れ，代価￥540,000を支払った。仕入数量は何個か。

解式　　　￥540,000÷￥600＝900
　　　　　　　　　　1個あたりの単価

キー操作　540000÷600＝
　　　　　　　　　　　　　　　　　　　　　　　　　　答　　　　900個

#### 基本問題2

(1)　ある商品を1個につき￥700で仕入れ，代価￥280,000を支払った。仕入数量は何個か。

　　　　　　　　　　　　　　　　　　　　　　　　　　答

(2)　ある商品を1mにつき￥100で仕入れ，代価￥360,000を支払った。仕入数量は何メートルであったか。

　　　　　　　　　　　　　　　　　　　　　　　　　　答

(3)　ある商品を10Lにつき￥5,000で仕入れ，代金￥150,000を支払った。仕入数量は何リットルか。

　　　　　　　　　　　　　　　　　　　　　　　　　　答

仕入金額……商品を仕入れたときの金額

仕入諸掛(しいれしょがかり)……商品の仕入れに要した費用（引取運賃や保険料，倉庫料などの諸費用）

仕入原価（諸掛込原価(しょがかりこみげんか)）……仕入金額に仕入諸掛をたしたもの。ふつう「原価」とはこの金額をいう。

原価（仕入原価）……商品を仕入れた（買った）金額。仕入諸掛がある場合は，たしたもの。

予定売価……予定の利益を見込んだ金額

実売価………実際に商品を売った金額

利益……実際の実売価から原価を差し引いたもの。（原価＜実売価の時）実売価－原価＝利益額

損失……実売価が原価より小さいときの差額。（原価＞実売価の時）原価－実売価＝損失額

掛(かけ)………値引きをするときの慣習的な表現。　7掛は，3割引きの意味で，0.7をかける。

8掛半(がけはん)は，1割5分引きの意味で，0.85をかける。

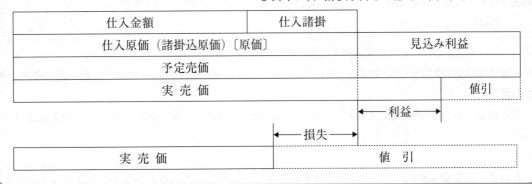

[仕入原価]

公式　仕入原価(諸掛込原価)＝仕入金額＋仕入諸掛

**例題3**　ある商品を¥750,000で仕入れ，仕入諸掛¥40,000を支払った。仕入原価はいくらか。

解式　　¥750,000＋¥40,000＝¥790,000

キー操作　750000⊞40000⊟　　　　　　　　　　　答　　　¥790,000

**基本問題3**

(1)　ある商品を¥425,000で仕入れ，仕入諸掛¥9,850を支払った。仕入原価はいくらか。

答

(2)　ある商品を¥584,000で仕入れ，引取運賃¥16,000と運送保険料¥1,800を支払った。仕入原価はいくらか。

答

[見込利益と予定売価]

公式　利益額＝原価〔仕入原価〕×利益率

予定売価＝原価〔仕入原価〕＋見込み利益

＝原価〔仕入原価〕×（1＋利益率）

利益率＝利益額÷原価〔利益額が原価の何パーセントにあたるかを示す〕

**例題4** 仕入原価が¥800,000の商品に20%の利益を見込んで予定売価をつけた。利益額はいくらか。

解式　¥800,000×0.2＝¥160,000

キー操作　800000×20％　または　800000×.2＝　　　答　¥160,000

**基本問題4**

(1)　/個¥500の商品を600個仕入れ，この商品に仕入原価の/割2分の利益を見込んで予定売価をつけた。利益額はいくらか。

答

(2)　ある商品を¥674,000で仕入れ，仕入諸掛¥13,500を支払った。この商品に仕入原価の/4%の利益を見込むと，利益額はいくらか。

答

**例題5**　ある商品の利益額が¥70,000であり，これは仕入原価の/割4分にあたるという。仕入原価はいくらか。

解式　¥70,000÷0.14＝¥500,000

キー操作　70000÷.14＝　　　答　¥500,000

**基本問題5**

(1)　ある商品の利益額が¥30,000であり，これは仕入原価の/5%にあたるという。仕入原価はいくらか。

答

(2)　ある商品の原価に¥101,850の利益を見込んだところ，この利益が原価の/7.5%にあたるという。この商品の原価はいくらか。

答

**例題6**　仕入原価¥90,000の商品に¥18,000の利益を見込んだ。利益額は仕入原価の何パーセントにあたるか。

解式　¥18,000÷¥90,000＝0.2

キー操作　18000÷90000％　　　答　20%

**基本問題6**

(1)　原価¥420,000の商品に¥10,500の利益を見込んだ。利益額は原価の何パーセントにあたるか。パーセントの小数第1位まで求めよ。

答

(2)　ある商品を¥1,237,500で仕入れ，¥12,500の仕入諸掛を支払った。この商品に¥95,000の利益を見込んだ。利益額は仕入原価の何パーセントにあたるか。パーセントの小数第1位まで求めよ。

答

**例題7**　¥72,000で仕入れた商品に/5%の利益を見込んで販売したい。予定売価をいくらにしたらよいか。

解式　¥72,000×(/＋0.15)＝¥82,800

キー操作　72000×1.15＝　または　72000×115％　または　72000×15％＋

〔S型機種の場合〕72000×15％＋＝　または　72000＋15％　答　¥82,800

**基本問題7**

(1) ¥25,000で仕入れた商品に18%の利益を見込んで販売したい。予定売価をいくらにしたらよいか。

答

(2) ¥320,000で仕入れた商品に14.5%の利益を見込んで予定売価をつけた。予定売価はいくらか。

答

---

**例題8** ある商品を原価の16%の利益を見込んで¥55,680の予定売価をつけた。原価はいくらか。

解式　　¥55,680÷(1+0.16)＝¥48,000

キー操作　　55680 ÷ 1.16 ＝　または　55680 ÷ 116 ％　または　1 ＋ · 16 ÷ 55680 ＝

〔S型機種の場合〕1 ＋ · 16 ＝ 55680 ÷ GT ＝　　答　　¥48,000

**基本問題8**

(1) ある商品を原価の1割8分の利益を見込んで¥194,700の予定売価をつけた。原価はいくらか。

答

(2) ある商品を原価の23.4%の利益を見込んで¥92,550の予定売価をつけた。原価はいくらか。

答

---

**例題9** 仕入原価¥38,000の商品に¥43,700の予定売価をつけた。利益額は仕入原価の何パーセントか。

解式　　(¥43,700−¥38,000)÷¥38,000＝0.15
　　　　　　　利益額

キー操作　　43700 − 38000 ÷ 38000 ％　　答　　15%

**基本問題9**

(1) 原価¥62,500の商品を¥83,000で売りたい。利益額は原価の何パーセントの割合で見込まれているか。パーセントの小数第1位まで求めよ。

答

(2) 原価¥25,800の商品に¥34,000の予定売価をつけた。利益額は原価の何パーセントか。
（パーセントの小数第1位未満4捨5入）

答

---

**例題10** 1mにつき¥360の商品を480m仕入れ，仕入諸掛¥7,200を支払った。この商品を諸掛込原価の25%の利益を見込んで価格をつけ，価格どおりに販売した。実売価の総額はいくらか。

解式　　実売価の総額：価格どおりに全部販売した場合，予定売価と同じ。
　　　　(¥360×480+¥7,200)×(1+0.25)＝¥225,000

キー操作　　360 × 480 ＋ 7200 × 1.25 ＝　または　360 × 480 ＋ 7200 × 125 ％

または　360 × 480 ＋ 7200 × 25 ％ ＋

〔S型機種の場合〕360 × 480 ＋ 7200 × 25 ％ ＋ ＝

または　360 × 480 ＋ 7200 ＋ 25 ％　　答　　¥225,000

**基本問題10**

(1) /ダースにつき¥6,000の商品を530ダース仕入れ，仕入諸掛¥15,000を支払った。この商品を諸掛込原価の17%の利益を見込んで販売した。実売価の総額はいくらか。

答＿＿＿＿＿＿＿＿＿＿

(2) 10kgにつき¥5,200の商品を840kg仕入れ，仕入諸掛¥5,700を支払った。この商品を諸掛込原価の31.6%の利益を見込んで販売すると，実売価の総額はいくらか。

答＿＿＿＿＿＿＿＿＿＿

**［値引きと売価］**

公式　値引額＝予定売価×値引率

　　　実売価＝予定売価－値引額

　　　　　　＝予定売価×（1－値引率）

　　　値引率＝値引額÷予定売価〔値引額が予定売価の何パーセントにあたるかを示す〕

---

**例題11**　予定売価¥90,000の商品を13%値引きすると，値引額はいくらになるか。

解式　　¥90,000×0.13＝¥11,700

キー操作　90000⊠⦁13⊟　または　90000⊠13%

答　　¥11,700

**基本問題11**

(1) 予定売価¥30,000の商品を21%値引きすると，値引額はいくらになるか。

答＿＿＿＿＿＿＿＿＿＿

(2) 予定売価¥50,000の商品を1割7分値引きすると，割引額はいくらになるか。

答＿＿＿＿＿＿＿＿＿＿

---

**例題12**　予定売価から15%値引きして売ったところ値引額が¥60,000になった。予定売価はいくらか。

解式　　¥60,000÷0.15＝¥400,000

キー操作　60000⊟⦁15⊟　または　60000⊟15%

答　　¥400,000

**基本問題12**

(1) 予定売価から20%値引きして売ったところ値引額が¥7,600になった。予定売価はいくらか。

答＿＿＿＿＿＿＿＿＿＿

(2) 予定売価から25%値引きして売ったところ値引額が¥146,500になった。予定売価はいくらか。

答＿＿＿＿＿＿＿＿＿＿

---

**例題13**　予定売価¥420,000の商品を¥75,600値引きした。値引額は予定売価の何パーセントか。

解式　　¥75,600÷¥420,000＝0.18

キー操作　75600⊟420000%

答　　18%

**基本問題13**

(1) 予定売価¥385,000の商品を¥46,200値引きした。値引額は予定売価の何パーセントか。

答＿＿＿＿＿＿＿＿＿＿

(2) 予定売価¥480,000の商品を¥148,800値引きして販売した。値引額は予定売価の何パーセントか。

答 _____

---

例題14　予定売価¥86,000の商品を9%値引きして売った。実売価はいくらか。

解式　　¥86,000×(1-0.09)=¥78,260

キー操作　1⊟⊡09☒86000⊜　または　86000☒9％⊟

〔S型機種の場合〕86000☒9％⊟⊜　または　86000⊟9％

答　　　　¥78,260

## 基本問題14

(1) 予定売価¥75,000の商品を19%値引きして売った。実売価はいくらか。

答 _____

(2) 予定売価¥287,000の商品を2割6分値引きして売った。実売価はいくらか。

答 _____

---

例題15　予定売価¥72,000の商品を9掛で売った。実売価はいくらか。

解式　　¥72,000×0.9=¥64,800

キー操作　72000☒⊡9⊜

答　　　　¥64,800

## 基本問題15

(1) 予定売価¥64,000の商品を7掛で売った。実売価はいくらか。

答 _____

(2) 予定売価¥39,000の商品を8掛半で販売した。実売価はいくらか。

答 _____

---

例題16　予定売価から17%値引きして売ったところ，実売価が¥80,510になった。予定売価はいくらか。

解式　　¥80,510÷(1-0.17)=¥97,000

キー操作　1⊟⊡17⊜805 1 0⊜

〔S型機種の場合〕1⊟⊡17⊜805 1 0÷GT⊜

答　　　　¥97,000

## 基本問題16

(1) 予定売価から3割4分値引きして売ったところ，実売価が¥287,100になった。予定売価はいくらか。

答 _____

(2) 予定売価の42%引きで売ったところ，実売価が¥335,530になった。予定売価はいくらか。

答 _____

---

例題17　予定売価¥425,000の商品を¥348,500で売った。値引額は予定売価の何パーセントになるか。

解式　　(¥425,000-¥348,500)÷¥425,000=0.18
　　　　　　　　　値引額

キー操作　425000⊟348500÷425000％

答　　　　18%

**基本問題17**

⑴ 予定売価￥580,000の商品を￥487,200で売った。値引額は予定売価の何パーセントになるか。

答 _____

⑵ 予定売価￥392,000の商品を￥337,120で販売した。値引額は予定売価の何パーセントになるか。

答 _____

## 応用例題

ある商品を￥9,500で仕入れ，仕入諸掛￥500を支払った。この商品に20％の利益を見込んで予定売価をつけたが，予定売価の10％引きで販売した。利益額は原価の何パーセントにあたるか。

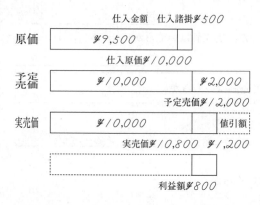

仕入原価は￥9,500＋￥500＝￥10,000　原価
20％の利益は￥10,000×0.2＝￥2,000　見込み利益
予定売価は￥10,000＋￥2,000＝￥12,000　予定売価
★￥10,000×（1＋0.2）＝￥12,000　予定売価
10％引きは￥12,000×0.1＝￥1,200　値引額
実売価は￥12,000－￥1,200＝￥10,800　実売価
★￥12,000×（1－0.1）＝￥10,800　実売価
利益は￥10,800－￥10,000＝￥800　利益額
利益率は￥800÷￥10,000＝0.08

答　　　8％

## 練習問題

⑴ ある商品を￥62,500で仕入れ，￥75,000の予定売価をつけた。利益額は原価の何パーセントか。

答 _____

⑵ 原価￥58,000の商品を原価の3割2分の利益を見込んで販売したい。予定売価をいくらにしたらよいか。

答 _____

⑶ 18Lにつき￥9,000の商品を1,260L仕入れた。この商品に23％の利益を見込んで販売すると，実売価の総額はいくらか。

答 _____

⑷ ある商品に原価の26％の利益を見込んだところ利益額が￥110,500になった。原価はいくらか。

答 _____

⑸ ￥280,000で仕入れた商品に14％の利益を見込むと，利益額はいくらか。

答 _____

⑹ 10kgにつき￥4,300の商品を3,200kg仕入れ，仕入諸掛￥20,000を支払った。この商品を諸掛込原価の25％の利益を見込んで全部売ると，実売価の総額はいくらになるか。

答 _____

⑺ ￥97,000の商品に16％の利益を見込んで予定売価をつけた。予定売価はいくらか。

答 _____

(8) 原価に$26$%の利益を見込んで予定売価をつけたところ，予定売価が$¥119,700$になった。原価はいくらか。

答＿＿＿＿＿＿＿＿＿＿

(9) 原価$¥92,000$の商品を$¥115,000$で販売した。利益額は原価の何割何分か。

答＿＿＿＿＿＿＿＿＿＿

(10) 予定売価$¥165,000$の商品を予定売価の$18$%引きで販売した。実売価はいくらになるか。

答＿＿＿＿＿＿＿＿＿＿

(11) 原価$¥184,000$の商品を販売して$¥33,120$の利益を得た。利益額は原価の何パーセントにあたるか。

答＿＿＿＿＿＿＿＿＿＿

(12) 予定売価$¥250,000$の商品を$¥230,000$で販売した。値引額は予定売価の何パーセントか。

答＿＿＿＿＿＿＿＿＿＿

(13) 原価に$1$割$5$分の利益を見込んで$¥155,250$の予定売価をつけた。原価はいくらか。

答＿＿＿＿＿＿＿＿＿＿

(14) $1$kgにつき$¥360$の商品を$750$kg仕入れ，仕入諸掛$¥15,000$を支払った。この商品を諸掛込原価の$16$%の利益を見込んで販売すると，実売価の総額はいくらか。

答＿＿＿＿＿＿＿＿＿＿

(15) 予定売価$¥180,000$の商品を$¥23,400$値引きして販売した。値引額は予定売価の何パーセントか。

答＿＿＿＿＿＿＿＿＿＿

(16) $¥420,000$で仕入れた商品に$31$%の利益を見込んで予定売価をつけた。予定売価はいくらか。

答＿＿＿＿＿＿＿＿＿＿

(17) $10$kgにつき$¥2,400$の商品を$780$kg仕入れ，仕入諸掛$¥4,800$を支払った。この商品を諸掛込原価の$27$%の利益を見込んで販売すると，実売価の総額はいくらか。

答＿＿＿＿＿＿＿＿＿＿

(18) ある商品を予定売価の$1$割$8$分引きの$¥266,500$で販売した。予定売価はいくらか。

答＿＿＿＿＿＿＿＿＿＿

(19) 予定売価$¥47,200$の商品を，予定売価の$15$%引きで販売した。値引額はいくらか。

答＿＿＿＿＿＿＿＿＿＿

(20) ある商品の金額の$8$掛が$¥67,200$であった。ある金額はいくらか。

答＿＿＿＿＿＿＿＿＿＿

## ④外国貨幣と度量衡に関する計算

### [外国貨幣の計算]

　外国との商取引などで代金の決済をおこなうときには，外国の通貨を自国の通貨に換算したり，自国の通貨を外国の通貨に換算すること（貨幣換算）が必要です。換算するときの比率（換算率）は，外国為替相場によって決まります。

| 国名 | 通貨単位 | 略号 | 補助通貨単位 |
|---|---|---|---|
| 日本 | ／円 | ¥ | ¥／＝／００銭 |
| アメリカ | ／ドル | $ | $／＝／００セント |
| イギリス | ／ポンド | £ | £／＝／００ペンス |
| EU | ／ユーロ | € | €／＝／００セント |

　公式　換算高＝被換算高×換算率（被換算高と換算率が異なる制度の場合）

　　　　換算高＝被換算高÷換算率（被換算高と換算率が同一制度の場合）

---

**例題1**　$7.83は円でいくらか。ただし，$／＝¥／／４とする。（円未満４捨５入）

解式　　$¥／／４×\dfrac{\$7.83}{\$／}=¥893$

キー操作　／／４×７.８３＝

　　　　　　　　　　　　　　　　　答　　　　　¥893

### 基本問題1

(1)　$54.00は円でいくらか。ただし，$／＝¥／／５とする。

　　　　　　　　　　　　　　　　　答

(2)　£48.00は円でいくらか。ただし，£／＝¥／９７とする。

　　　　　　　　　　　　　　　　　答

(3)　€62.50は円でいくらか。ただし，€／＝¥／３３とする。（円未満４捨５入）

　　　　　　　　　　　　　　　　　答

---

**例題2**　¥476は何ユーロ何セントか。€／＝¥／３５とする（セント未満４捨５入）

解式　　$€／×\dfrac{¥476}{¥／35}=€3.53$

キー操作　４７６÷／３５＝

　　　　　　　　　　　　　　　　　答　　　　　€3.53

### 基本問題2

(1)　¥／,０２０は何ドル何セントか。ただし，$／＝¥／２０とする。

　　　　　　　　　　　　　　　　　答

(2)　¥8,398は何ポンド何ペンスか。ただし，£／＝¥／９０とする。

　　　　　　　　　　　　　　　　　答

(3)　¥5,000は何ユーロ何セントか。ただし，€／＝¥／４０とする。（セント未満４捨５入）

　　　　　　　　　　　　　　　　　答

**練習問題1**

(1) $76.50は円でいくらか。ただし，$1＝¥118とする。

答 _____

(2) ¥1,200は何ポンド何ペンスか。ただし，£1＝¥192とする。

答 _____

(3) €49.50は円でいくらか。ただし，€1＝¥134とする。

答 _____

(4) ¥5,510は何ドル何セントか。ただし，$1＝¥116とする。

答 _____

(5) ¥820は何ユーロ何セントか。ただし，€1＝¥141とする。（セント未満4捨5入）

答 _____

(6) £50.30は円でいくらか。ただし，£1＝¥186とする。（円未満4捨5入）

答 _____

(7) $21.80は円でいくらか。ただし，$1＝¥114とする。（円未満4捨5入）

答 _____

(8) ¥1,970は何ユーロ何セントか。ただし，€1＝¥142とする。（セント未満4捨5入）

答 _____

(9) ¥48,000は何ポンド何ペンスか。ただし，£1＝¥187とする。（ペンス未満4捨5入）

答 _____

(10) $98.30は円でいくらか。ただし，$1＝¥117とする。（円未満4捨5入）

答 _____

(11) ¥36,000は何ドル何セントか。ただし，$1＝¥122とする。（セント未満4捨5入）

答 _____

(12) €80.20は円でいくらか。ただし，€1＝¥139とする。（円未満4捨5入）

答 _____

(13) ¥7,140は何ポンド何ペンスか。ただし，£1＝¥187とする。（ペンス未満4捨5入）

答 _____

(14) $66.40は円でいくらか。ただし，$1＝¥121とする。（円未満4捨5入）

答 _____

[度量衡]

　長さや重さ，容積などを度量衡といいます。メートル法とヤード・ポンド法は，現在一般的に用いられている度量衡の表示法です。

|  | ヤード・ポンド法の単位 | メートル法との比較 |
|---|---|---|
| 長さ | 1ヤード（yd）＝3フィート（ft）<br>1フィート＝12インチ（in） | 1ヤード＝0.9144メートル |
| 重さ | 1英トン　2,240ポンド（lb）<br>1米トン　2,000ポンド（lb） | 1英トン＝1,016.06キログラム<br>1米トン＝907.18キログラム<br>1ポンド＝0.4536キログラム |
| 容積 | 1英ガロン<br>1米ガロン | 1英ガロン＝4.546リットル<br>1米ガロン＝3.785リットル |

---

**例題3**　50ydは何メートルか。ただし，1yd＝0.9144mとする。（メートル未満4捨5入）

解式　　　$0.9144\text{m} \times \dfrac{50\text{yd}}{1\text{yd}} = 46\text{m}$

キー操作　　$.9144 \times 50 =$　　　　　　　　　　　答　　　　　46m

**基本問題3**

(1)　500lbは何キログラムか。ただし，1lb＝0.4536kgとする。（キログラム未満4捨5入）

　　　　　　　　　　　　　　　　　　　　　　　　　　　　答

(2)　800米ガロンは何リットルか。ただし，1米ガロン＝3.785Lとする。

　　　　　　　　　　　　　　　　　　　　　　　　　　　　答

(3)　300ydは何メートルか。ただし，1yd＝0.9144mとする。（メートル未満4捨5入）

　　　　　　　　　　　　　　　　　　　　　　　　　　　　答

---

**例題4**　600Lは何英ガロンか。ただし，1英ガロン＝4.546Lとする。（ガロン未満4捨5入）

解式　　　$1\text{英ガロン} \times \dfrac{600\text{L}}{4.546\text{L}} = 132\text{英ガロン}$

キー操作　　$600 \div 4.546 =$　　　　　　　　　　答　　　132英ガロン

**基本問題4**

(1)　6,858mは何ヤードか。ただし，1yd＝0.9144mとする。

　　　　　　　　　　　　　　　　　　　　　　　　　　　　答

(2)　120kgは何ポンドか。ただし，1lb＝0.4536kgとする。（ポンド未満4捨5入）

　　　　　　　　　　　　　　　　　　　　　　　　　　　　答

(3)　250Lは何英ガロンか。ただし，1英ガロン＝4.546Lとする。（英ガロン未満4捨5入）

　　　　　　　　　　　　　　　　　　　　　　　　　　　　答

**練習問題2**

(1) 49米ガロンは何リットルか。ただし，1米ガロン＝3.785Lとする。（リットル未満4捨5入）

答

(2) 620kgは何ポンドか。ただし，1lb＝0.4536kgとする。（ポンド未満4捨5入）

答

(3) 740ydは何メートルか。ただし，1yd＝0.9144mとする。（メートル未満4捨5入）

答

(4) 28米トンは何キログラムか。ただし，1米トン＝907.2kgとする。（キログラム未満4捨5入）

答

(5) 51英ガロンは何リットルか。ただし，1英ガロン＝4.546Lとする。（リットル未満4捨5入）

答

(6) 430mは何ヤードか。ただし，1yd＝0.9144mとする。（ヤード未満4捨5入）

答

(7) 910Lは何米ガロンか。ただし，1米ガロン＝3.785Lとする。（米ガロン未満4捨5入）

答

(8) 36英トンは何キログラムか。ただし，1英トン＝1,016kgとする。

答

(9) 85,000kgは何米トンか。ただし，1米トン＝907.2kgとする。（米トン未満4捨5入）

答

(10) 170Lは何英ガロンか。ただし，1英ガロン＝4.546Lとする。（英ガロン未満4捨5入）

答

(11) 230ydは何メートルか。ただし，1yd＝0.9144mとする。（メートル未満4捨5入）

答

(12) 790kgは何ポンドか。ただし，1lb＝0.4536kgとする。（ポンド未満4捨5入）

答

(13) 54米トンは何キログラムか。ただし，1米トン＝907.2kgとする。（キログラム未満4捨5入）

答

(14) 820Lは何英ガロンか。ただし，1英ガロン＝4.546Lとする。（英ガロン未満4捨5入）

答

## ⑤利息の計算

### [日数計算]

　金銭の借用のさい，借り主が貸し主に支払う金銭が利息（利子）です。利息の計算における日数は，以下のような表を念頭において計算します。

| | 月 | 1 | 2 | 3 | 4 | 5 | 6 | 7 | 8 | 9 | 10 | 11 | 12 | 1年間 |
|---|---|---|---|---|---|---|---|---|---|---|---|---|---|---|
| 平　年 | 大の月 | 31 | | 31 | | 31 | | 31 | 31 | | 31 | | 31 | 365日 |
| | 小の月 | | 28 | | 30 | | 30 | | | 30 | | 30 | | |
| うるう年 | | | 29 | | | | | | | | | | | |

　利息の生じる期間がはじまる日を初日，終わる日を期日または満期日といいます。期間については，片落とし・両端入れ・両端落としという三つの方法があります。

---

**例題1**　10月2日から10月8日までは何日間か。

片落とし　初日または期日のどちらかの1日を含めない方法
2 | 3 4 5 6 7 | 8
$8-2=6$
答　　6日

両端入れ　初日も期日も日数に含む方法
| 2 3 4 5 6 7 8 |
$8-2+1=7$
答　　7日

両端落とし　初日も期日も日数に含めない方法
2 | 3 4 5 6 7 | 8
$8-2-1=5$
答　　5日

---

**例題2**　9月17日から12月24日までは何日間か。（片落とし）

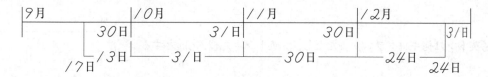

解式　　$30-17=13$　　$13+31+30+24=98$
キー操作　$30 \boxminus 17 \boxplus 31 \boxplus 30 \boxplus 24 \boxminus$
答　　　　98日

### 基本問題1

(1)　3月15日から8月22日までは，何日間か。（片落とし）　答 _____

(2)　7月6日から10月21日までは，何日間か。（両端入れ）　答 _____

(3)　1月23日から4月8日までは，何日間か。（平年，片落とし）　答 _____

(4)　2月20日から7月13日までは，何日間か。（うるう年，両端入れ）　答 _____

### 基本問題2

| No. | 期　　間 | 方　法 | 日　数 | |
|---|---|---|---|---|
| 1 | 4月8日から6月10日まで | 片落とし | (1) | 日 |
| 2 | 1月16日から2月24日まで | 両端入れ | (2) | 日 |
| 3 | 12月21日から翌年2月10日まで | 片落とし | (3) | 日 |
| 4 | 7月21日から10月9日まで | 両端入れ | (4) | 日 |
| 5 | 11月4日から翌年4月15日まで | 平年，片落とし | (5) | 日 |
| 6 | 2月14日から8月25日まで | うるう年，片落とし | (6) | 日 |
| 7 | 6月30日から翌年1月5日まで | 両端入れ | (7) | 日 |
| 8 | 3月1日から11月30日まで | 片落とし | (8) | 日 |
| 9 | 2月8日から7月16日まで | うるう年，両端入れ | (9) | 日 |
| 10 | 5月6日から12月28日まで | 片落とし | (10) | 日 |

覚えると便利です。

3か月＝0.25年
6か月＝0.5年
9か月＝0.75年
73日＝0.2年
146日＝0.4年
219日＝0.6年
292日＝0.8年

## [単利の計算]

利息の計算には単利法と複利法がありますが，ここでは単利法について解説します。

ある期間について計算した元金と利息の合計（元利合計）を次の期間の元金とし，より大きな利息を得るのが複利法ですが，これは2級と1級の範囲になっています。

元金………貸借の金額（元本）

利率………元金に対する一定期間の利息の割合　＊年利率・月利率

期間………元金が貸借される期間　＊年数・月数・日数

利息………元金の貸借に対する報酬として借り主が貸し主に支払う金額

元利合計…元金と利息の合計金額

公式　利息＝元金×利率×期間

　　　元利合計＝元金＋利息　　　元利合計＝元金×（1＋利率×期間）

## 期間が年数の場合

**例題3**　元金¥20,000を年利率3%で3年間借りると，利息はいくらか。

解式　　　¥20,000×0.03×3＝¥1,800
　　　　　1年分の利息　¥600

キー操作　ラウンドセレクターをCUT，小数点セレクターを0にセット

　　　　　20000×・03×3＝

または　20000×3%×3＝　　　　　　　　　　　　答　　¥1,800

**例題4**　元金¥80,000を年利率2%で4年間借りると，元利合計はいくらか。

解式　　　¥80,000×0.02×4＝¥6,400
　　　　　1年分の利息　¥1,600

　　　　　¥80,000＋¥6,400＝¥86,400

または　¥80,000×（1＋0.02×4）＝¥86,400

キー操作　ラウンドセレクターをCUT，小数点セレクターを0にセット

　　　　　80000 M+ ×・02×4（＝）M+ MR 〔S型機種は MR の代わりに RM 〕

または　80000 M+ ×2%×4（＝）M+ MR 〔S型機種は MR の代わりに RM 〕

（注）　答えを記入後，MC を忘れずに。〔S型機種は CM 〕　　　答　　¥86,400

## 基本問題3

(1)　元金¥50,000　年利率4%，4年間の利息はいくらか。

答　＿＿＿＿＿＿＿

(2)　元金¥70,000　年利率2%，6年間の利息はいくらか。

答　＿＿＿＿＿＿＿

(3)　元金¥200,000　年利率4.5%，5年間の利息はいくらか。

答　＿＿＿＿＿＿＿

## 基本問題4

(1)　元金¥600,000　年利率3%，10年間の元利合計はいくらか。

答　＿＿＿＿＿＿＿

(2)　元金¥840,000　年利率5.4%，8年間の元利合計はいくらか。

答　＿＿＿＿＿＿＿

**期間が月数の場合**

p.64の公式から　　利息＝元金×利率×$\dfrac{月数}{12}$

| 例1 | 6か月は何年にあたるか。 | | 答　$\dfrac{6}{12}$年（0.5年） |

| 例2 | 1年4か月は何年にあたるか。 | $\dfrac{12+4}{12}=\dfrac{16}{12}$ | 答　$\dfrac{16}{12}$年 |

| 例3 | 2年3か月は何年にあたるか。 | $\dfrac{24+3}{12}=\dfrac{27}{12}$ | 答　$\dfrac{27}{12}$年（2.25年） |

**基本問題5**　期間を年数になおしなさい。

(1)　1年8か月＝$\dfrac{\qquad}{12}$年　　(2)　2年5か月＝$\dfrac{\qquad}{\qquad}$年　　(3)　3年11か月＝$\dfrac{\qquad}{\qquad}$年

(4)　1年3か月＝$\qquad$年　　(5)　2年9か月＝$\qquad$年　　(6)　3年6か月＝$\qquad$年

| 例題5 | 元金￥30,000を年利率4%で9か月間貸し付けた。期日に受け取る利息はいくらか。 |

解式　　￥30,000×0.04×$\dfrac{9}{12}$＝￥900　　または　￥30,000×0.04×0.75＝￥900
1年分の利息　￥1,200

キー操作　ラウンドセレクターをCUT，小数点セレクターを0にセット

30000 ⊠ ・04 ⊠ 9 ÷ 12 ⊟

または　30000 ⊠ 4 ％ ⊠ 9 ÷ 12 ⊟

または　30000 ⊠ 4 ％ ⊠ ・75 ⊟　　　　　　答　　　　￥900

**基本問題6**

(1)　元金￥60,000を年利率4%で8か月間借りると，利息はいくらか。

答_____

(2)　元金￥90,000を年利率5%で2年6か月間借りると，利息はいくらか。

答_____

(3)　元金￥700,000を年利率2%で1年7か月間貸し付けると，利息はいくらか。（円未満切り捨て）

答_____

(4)　元金￥460,000を年利率3%で2年3か月間貸し付けると，元利合計はいくらか。

答_____

(5)　元金￥980,000を年利率6%で5年8か月間貸し付けると，元利合計はいくらか。

答_____

(6)　元金￥120,000を年利率2%で6か月間借りると，利息はいくらか。

答_____

(7)　元金￥240,000を年利率3%で1年9か月間借りると，利息はいくらか。

答_____

(8)　元金￥500,000を年利率1.9%で2年4か月間貸し付けると，利息はいくらか。（円未満切り捨て）

答_____

(9)　元金￥680,000を年利率2.8%で7か月間貸し付けると，元利合計はいくらか。（円未満切り捨て）

答_____

(10)　元金￥750,000を年利率4.5%で2年10か月間貸し付けると，元利合計はいくらか。

答_____

**期間が日数の場合**

p.69の公式から　　　　利息 = 元金 × 利率 × $\dfrac{日数}{365}$　　　　＊うるう年でも分母は365

---

**例題6**　元金 ¥40,000 を年利率4％で73日間貸し付けた。期日に受け取る利息はいくらか。

---

解式　　　$¥40,000 × 0.04 × \dfrac{73}{365} = ¥320$
　　　　　1年分の利息　¥1,600

　　または　　$¥40,000 × 0.04 × 0.2 = ¥320$

　キー操作　ラウンドセレクターをCUT，小数点セレクターを0にセット

　　　　　$40000 × . 04 × 73 ÷ 365 =$

　　または　$40000 × 4 ％ × 73 ÷ 365 =$

　　または　$40000 × 4 ％ × . 2 =$　　　　　　　　　　答　　　　　　¥320

**基本問題7**

(1)　元金 ¥60,000 を年利率4％で146日間借りると，利息はいくらか。

　　　　　　　　　　　　　　　　　　　　　　　　答

(2)　元金 ¥90,000 を年利率5％で219日間借りると，元利合計はいくらか。

　　　　　　　　　　　　　　　　　　　　　　　　答

(3)　元金 ¥400,000 を年利率2％で78日間貸し付けると，利息はいくらか。（円未満切り捨て）

　　　　　　　　　　　　　　　　　　　　　　　　答

(4)　元金 ¥30,000 を年利率2％で73日間借りると，利息はいくらか。

　　　　　　　　　　　　　　　　　　　　　　　　答

**練習問題1**

(1)　元金 ¥50,000 を年利率3％で5月26日から8月7日まで借りた。利息はいくらか。（片落とし）

　　　　　　　　　　　　　　　　　　　　　　　　答

(2)　元金 ¥80,000 を年利率6％で3月7日から10月12日まで貸した。元利合計はいくらか。
　（片落とし）

　　　　　　　　　　　　　　　　　　　　　　　　答

(3)　元金 ¥700,000 を年利率4％で9月14日から12月5日まで借りた。利息はいくらか。
　（片落とし，円未満切り捨て）

　　　　　　　　　　　　　　　　　　　　　　　　答

(4)　元金 ¥50,000 を年利率5％で12月1日から翌年2月20日まで貸した。元利合計はいくらか。
　（片落とし，円未満切り捨て）

　　　　　　　　　　　　　　　　　　　　　　　　答

(5)　元金 ¥620,000 を年利率3.5％で120日間貸し付けると，利息はいくらか。（円未満切り捨て）

　　　　　　　　　　　　　　　　　　　　　　　　答

(6)　元金 ¥730,000 を年利率3％で4月12日から9月5日まで貸し付けると，元利合計はいくらか。
　（片落とし）

　　　　　　　　　　　　　　　　　　　　　　　　答

(7)　元金 ¥280,000 を年利率6％で292日間貸し付けると，元利合計はいくらか。

　　　　　　　　　　　　　　　　　　　　　　　　答

**練習問題2**

(1) 元金¥450,000 年利率2%で73日の利息はいくらか。

答 _____

(2) 元金¥96,000 年利率4.8%で8か月間貸した。期日に受け取る元利合計はいくらか。

答 _____

(3) 元金¥340,000 年利率3%で7月30日から10月5日まで借り入れた。利息はいくらか。
（片落とし，円未満切り捨て）

答 _____

(4) 元金¥85,000 年利率2.5%で146日の利息はいくらか。

答 _____

(5) 元金¥640,000 年利率4%で7か月間借り入れた。期日に支払う元利合計はいくらか。
（円未満切り捨て）

答 _____

(6) ¥570,000 年利率1.8%で10月17日から12月25日まで貸し付けると，期日に受け取る利
息はいくらか。（片落とし，円未満切り捨て）

答 _____

(7) 元金¥75,000 年利率3.8%で219日の利息はいくらか。

答 _____

(8) ¥190,000 年利率4.6%で3月26日から5月30日まで借り入れた。利息はいくらか。
（片落とし，円未満切り捨て）

答 _____

(9) ¥260,000 年利率2.5%で9か月間貸し付けた。期日に受け取る元利合計はいくらか。

答 _____

(10) ¥528,000 年利率5%で2月18日から5月14日まで貸し付けると，期日に受け取る利息はい
くらか。（平年，片落とし，円未満切り捨て）

答 _____

(11) 元金¥67,000 年利率3.7%で6年の利息はいくらか。

答 _____

(12) 元金¥140,000 年利率4.5%で152日間貸した。利息はいくらか。（円未満切り捨て）

答 _____

(13) ¥920,000 年利率4%で2月25日から8月19日まで貸すと，期日に受け取る元利合計はいく
らか。（うるう年，片落とし，円未満切り捨て）

答 _____

## 3級練習問題（ビジネス計算）

(1) $68.75は何円か。ただし，$1 = ¥108とする。

　　　　　　　　　　　　　　　　　　　　　　　　答 _____

(2) ¥370,000を年利率3.2%で76日間貸し付けた。受け取る利息はいくら
　　か。（円未満切り捨て）

　　　　　　　　　　　　　　　　　　　　　　　　答 _____

(3) ¥520,000の36%はいくらか。

　　　　　　　　　　　　　　　　　　　　　　　　答 _____

(4) 58,000kgは何英トンか。ただし，1英トン＝1,016kgとする。
　　（英トン未満4捨5入）

　　　　　　　　　　　　　　　　　　　　　　　　答 _____

(5) 予定売価¥426,000の商品を17%引きで販売した。実売価はいくらか。

　　　　　　　　　　　　　　　　　　　　　　　　答 _____

(6) ¥9,200は何ポンド何ペンスか。ただし，£1 = ¥137とする。
　　（ペンス未満4捨5入）

　　　　　　　　　　　　　　　　　　　　　　　　答 _____

(7) 原価¥82,000の商品を販売し，¥9,840の利益を得た。利益額は原価の
　　何割何分か。

　　　　　　　　　　　　　　　　　　　　　　　　答 _____

(8) ¥420,000を年利率1.4%で9か月間借りた。元利合計はいくらか。

　　　　　　　　　　　　　　　　　　　　　　　　答 _____

(9) ある金額の3割2分増しが¥60,720であった。ある金額はいくらか。

　　　　　　　　　　　　　　　　　　　　　　　　答 _____

(10) 680ydは何メートルか。ただし，1yd＝0.9144mとする。
　　（メートル未満4捨5入）

　　　　　　　　　　　　　　　　　　　　　　　　答 _____

(11) ／kgにつき￥280の商品を5／0kg仕入れ，仕入諸掛￥7,200を支払った。この商品を諸掛込原価の26.4％の利益を見込んで販売すると実売価の総額はいくらか。

答 _____

(12) ￥584,000を年利率2.8％で4月／5日から6月9日まで借り入れた。期日に支払う元利合計はいくらか。（片落とし）

答 _____

(13) 予定売価の／割6分引きの￥7／8,200で販売した商品がある。この商品の予定売価はいくらか。

答 _____

(14) 76lbは何キログラムか。ただし，／lb＝0.4536kgとする。（キログラム未満4捨5入）

答 _____

(15) ￥7,／50は何ユーロ何セントか。ただし，€／＝￥／25とする。

答 _____

(16) ￥33,390は￥53,000の何パーセント引きか。

答 _____

(17) ￥94,000を年利率3.／％で7か月間貸した。受取利息はいくらか。（円未満4捨5入）

答 _____

(18) 原価￥7／4,000の商品に23.5％の利益を見込んで予定売価をつけた。予定売価はいくらか。

答 _____

(19) £40.30は何円か。ただし，£／＝￥／46とする。（円未満4捨5入）

答 _____

(20) 800Lは何米ガロンか。ただし，／米ガロン＝3.785Lとする。（米ガロン未満4捨5入）

答 _____

74

**（A）乗算問題**

（注意）セント未満4捨5入、構成比率はパーセントの小数第2位未満4捨5入

| | | |
|---|---|---|
| 1 | $ 7.46 × 925 = | |
| 2 | $ 931.80 × 0.0531 = | |
| 3 | $ 0.84 × 18,039 = | |
| 4 | $ 34.01 × 5,613 = | |
| 5 | $ 7.68 × 895.4 = | |

答えの小計・合計

| | 合計Aに対する構成比率 | |
|---|---|---|
| 小計(1)〜(3) | (1) | (1)〜(3) |
| | (2) | |
| | (3) | |
| 小計(4)〜(5) | (4) | (4)〜(5) |
| | (5) | |
| 合計A(1)〜(5) | | |

（注意）円未満4捨5入、構成比率はパーセントの小数第2位未満4捨5入

| | | |
|---|---|---|
| 6 | ¥ 657 × 420.98 = | |
| 7 | ¥ 2,049 × 62 = | |
| 8 | ¥ 4,612 × 0.917 = | |
| 9 | ¥ 75 × 27.36 = | |
| 10 | ¥ 523 × 7,080 = | |

答えの小計・合計

| | 合計Bに対する構成比率 | |
|---|---|---|
| 小計(6)〜(8) | (6) | (6)〜(8) |
| | (7) | |
| | (8) | |
| 小計(9)〜(10) | (9) | (9)〜(10) |
| | (10) | |
| 合計B(6)〜(10) | | |

## (B) 除算問題

(注意) 円未満４捨５入、構成比率はパーセントの小数第２位未満４捨５入

| | | |
|---|---|---|
| 1 | ¥ 785,295 ÷ 831 = | |
| 2 | ¥ 1,034 ÷ 3.972 = | |
| 3 | ¥ 3,592 ÷ 0.63 = | |
| 4 | ¥ 28,784 ÷ 514 = | |
| 5 | ¥ 585 ÷ 1.25 = | |

| 答えの小計・合計 | | 合計Cに対する構成比率 |
|---|---|---|
| | (1) | (1)～(3) |
| 小計(1)～(3) | (2) | |
| | (3) | |
| | (4) | (4)～(5) |
| 小計(4)～(5) | (5) | |
| 合計C(1)～(5) | | |

(注意) セント未満４捨５入、構成比率はパーセントの小数第２位未満４捨５入

| | | |
|---|---|---|
| 6 | € 508.26 ÷ 86 = | |
| 7 | € 68.48 ÷ 43.07 = | |
| 8 | € 5,067.96 ÷ 628 = | |
| 9 | € 12,059.97 ÷ 289 = | |
| 10 | € 33.60 ÷ 97.5 = | |

| 答えの小計・合計 | | 合計Dに対する構成比率 |
|---|---|---|
| | (6) | (6)～(8) |
| 小計(6)～(8) | (7) | |
| | (8) | |
| | (9) | (9)～(10) |
| 小計(9)～(10) | (10) | |
| 合計D(6)～(10) | | |

(注意) 構成比率はパーセントの小数第 2 位未満 4 捨 5 入

## (C) 見 取 算 問 題

| No. | 1 | 2 | 3 | 4 | 5 |
|---|---|---|---|---|---|
| 1 | $ 41.53 | $ 3.72 | $ 294.30 | $ 836.15 | $ 4.16 |
| 2 | 10,628.07 | 19.08 | 478.64 | 75,614.30 | 28.53 |
| 3 | 3.59 | 8.60 | 692.65 | -1,275.43 | 31.48 |
| 4 | 4,389.81 | 60.79 | 105.27 | 21.79 | 57.82 |
| 5 | 29,170.46 | -41.03 | 959.12 | 8.35 | 6.94 |
| 6 | 32.75 | 6.52 | 386.30 | -60.87 | 7.29 |
| 7 | 51.38 | 3.98 | 631.48 | -302.69 | 20.35 |
| 8 | 7.98 | 76.81 | 140.57 | 95.01 | 16.90 |
| 9 | 4.76 | 2.10 | 527.89 | 5,640.28 | 68.03 |
| 10 | 156.09 | -16.72 | 803.71 | -41,829.07 | 5.48 |
| 11 | 73.52 | 9.54 | | 394.82 | 7.61 |
| 12 | 248.60 | 1.45 | | 70.96 | 31.92 |
| 13 | 609.24 | 50.64 | | | 70.54 |
| 14 | | -85.87 | | | 9.07 |
| 15 | | 3.24 | | | |
| 16 | | 84.09 | | | |
| 17 | | 9.36 | | | |
| 18 | | 1.27 | | | |
| 19 | | -37.95 | | | |
| 20 | | 42.53 | | | |
| 計 | | | | | |

| 答えの 小計 合計 | 小計(1)〜(3) | | | 小計(4)〜(5) | |
|---|---|---|---|---|---|
| | 合計 E(1)〜(5) | | | | |
| 合計 E に 対する 構成比率 | (1) | (2) | (3) | (4) | (5) |
| | (1)〜(3) | | | (4)〜(5) | |

(注意) 構成比率はパーセントの小数第 2 位未満 4 捨 5 入

| No. | 6 | 7 | 8 | 9 | 10 |
|---|---|---|---|---|---|
|  | ¥ | ¥ | ¥ | ¥ | ¥ |
| 1 | 695,298 | 8,329 | 7,958,461 | 7,482,904 | 104,536 |
| 2 | 5,298,412 | 5,493 | 21,387 | 95,850 | 794 |
| 3 | 948,170 | 6,850 | 2,745 | -1,992 | 5,719,805 |
| 4 | 745,002 | 2,778 | 806,027 | 530,766 | 62,539 |
| 5 | 519,764 | -1,801 | 995 | 72,534 | 1,250 |
| 6 | 8,070,436 | -5,289 | 781 | -2,130,876 | 9,743,082 |
| 7 | 4,108,923 | 6,036 | 3,253 | -463 | 916 |
| 8 | 253,681 | 7,481 | 5,087,936 | 8,129 | 407 |
| 9 | 316,037 | 5,364 | 96,348 | 106,438 | 261,384 |
| 10 | 1,784,563 | -4,953 | 1,096 |  | 7,680 |
| 11 | 763,925 | -1,462 | 25,410 |  | 6,982,413 |
| 12 |  | 4,727 | 413,064 |  | 35,279 |
| 13 |  | 2,015 | 3,852,149 |  |  |
| 14 |  | -3,794 | 6,702 |  |  |
| 15 |  | 9,610 |  |  |  |
| 計 |  |  |  |  |  |

| 答えの 小計 合計 | 小計(6)～(8) | | 小計(9)～(10) | |
|---|---|---|---|---|
| | 合計 F (6)～(10) | | | |
| 合計 F に 対する 構成比率 | (6) | (7) | (8) | (9) | (10) |
| | (6)～(8) | | (9)～(10) | |

78

# ビ ジ ネ ス 計 算

(1) €326.50は円でいくらか。ただし，€1＝¥134とする。

答

(2) ¥89,000を年利率2.4％で40日間借りると支払う利息はいくらか。
（円未満4捨5入）

答

(3) ¥420,000の27％増しはいくらか。

答

(4) 500Lは何米ガロンか。ただし，1米ガロン＝3.785Lとする。
（米ガロン未満4捨5入）

答

(5) ある金額の3割引きが¥322,000であった。ある金額はいくらか。

答

(6) ¥6,580は何ドル何セントか。ただし，$1＝¥112とする。

答

(7) 730ydは何メートルか。ただし，1yd＝0.9144mとする。
（メートル未満4捨5入）

答

(8) ある商品を3,160ダース仕入れ，¥932,200を支払った。この商品の
1ダースあたりの値段はいくらか。

答

(9) ¥150,000を年利率4.2％で8か月貸し付けると受け取る元利合計はいく
らか。

答

(10) ¥320,000の28％はいくらか。

答

⑾　ある金額の/6％が∦64,800であった。ある金額はいくらか。

答

⑿　原価∦92,000の商品に，原価の2割6分の利益をみて予定売価をつけた。
　　予定売価はいくらか。

答

⒀　280kgは何ポンドか。ただし，/lb＝0.4536kgとする。
　（ポンド未満4捨5入）

答

⒁　/mにつき∦740の商品を380m仕入れた。この商品に仕入原価の25％の
　　利益を見込むと，利益額はいくらか。

答

⒂　$28.60は何円か。ただし，$/＝∦/09とする。（円未満4捨5入）

答

⒃　予定売価∦620,000の商品を∦42/,600で販売した。値引額は予定売価
　　の何パーセントか。

答

⒄　∦540,000を年利率/.8％で6月24日から8月30日まで借りた。元利合
　　計はいくらか。（片落とし，円未満4捨5入）

答

⒅　0.57英トンは何キログラムか。ただし，/英トン＝/,0/6kgとする。
　（キログラム未満4捨5入）

答

⒆　ある商品を∦532,700で仕入れ，仕入諸掛∦23,300を支払った。仕入原
　　価はいくらか。

答

⒇　€80.25は何円か。ただし，€/＝∦/3/とする。（円未満4捨5入）

答

## （A）乗　算　問　題

（注意）円未満4捨5入、構成比率はパーセントの小数第2位未満4捨5入

| | | 答えの小計・合計 | 合計Aに対する構成比率 |
|---|---|---|---|
| 1 | ¥ 8,701 × 346 = | 小計(1)～(3) | (1) |
| 2 | ¥ 59,403 × 0.0862 = | | (2) |
| 3 | ¥ 359 × 727 = | | (3) |
| 4 | ¥ 975 × 21.64 = | 小計(4)～(5) | (4) |
| 5 | ¥ 4,830 × 0.9058 = | | (5) |
| | | 合計A(1)～(5) | |

（注意）セント未満4捨5入、構成比率はパーセントの小数第2位未満4捨5入

| | | 答えの小計・合計 | 合計Bに対する構成比率 |
|---|---|---|---|
| 6 | $ 14.67 × 631 = | 小計(6)～(8) | (6) |
| 7 | $ 6.80 × 20.19 = | | (7) |
| 8 | $ 7.82 × 48,250 = | | (8) |
| 9 | $ 91.69 × 0.57 = | 小計(9)～(10) | (9) |
| 10 | $ 2.34 × 5,103 = | | (10) |
| | | 合計B(6)～(10) | |

## （B）除　算　問　題

（注意）セント未満４捨５入、構成比率はパーセントの小数第２位未満４捨５入

| | |
|---|---|
| 1 | € 3,527.47 ÷ 173 = |
| 2 | € 3,863.70 ÷ 795 = |
| 3 | € 4,766.17 ÷ 6,529 = |
| 4 | € 7.35 ÷ 0.81 = |
| 5 | € 10,575.55 ÷ 548 = |

| 答えの小計・合計 | 合計Cに対する構成比率 |
|---|---|
| (1) | (1)～(3) |
| (2) | |
| (3) | |
| (4) | (4)～(5) |
| (5) | |
| 小計(1)～(3) | |
| 小計(4)～(5) | |
| 合計C(1)～(5) | |

（注意）円未満４捨５入、構成比率はパーセントの小数第２位未満４捨５入

| | |
|---|---|
| 6 | ¥ 29,666 ÷ 36.4 = |
| 7 | ¥ 958 ÷ 2.6 = |
| 8 | ¥ 170,150 ÷ 4,150 = |
| 9 | ¥ 2,029 ÷ 0.207 = |
| 10 | ¥ 35,048 ÷ 52 = |

| 答えの小計・合計 | 合計Dに対する構成比率 |
|---|---|
| (6) | (6)～(8) |
| (7) | |
| (8) | |
| (9) | (9)～(10) |
| (10) | |
| 小計(6)～(8) | |
| 小計(9)～(10) | |
| 合計D(6)～(10) | |

(注意) 構成比率はパーセントの小数第 2 位未満 4 捨 5 入

## (C) 見 取 算 問 題

| No. | 1 | 2 | 3 | 4 | 5 |
|---|---|---|---|---|---|
| 1 | 517 | 2,908 | 982 | 406 | 78,204 |
| 2 | 46,824 | 769 | 8,547 | 1,369 | 93,197 |
| 3 | 9,126,086 | 6,174 | 57,910 | 578,613 | -84,568 |
| 4 | 3,299 | 329 | 3,408 | 209 | 52,706 |
| 5 | 870,543 | 9,546 | 624 | 12,057 | 30,629 |
| 6 | 58,712 | -875 | 62,381 | 643 | 25,178 |
| 7 | 839 | 3,603 | 91,706 | 329 | -80,651 |
| 8 | 79,305 | 252 | 4,692 | 4,127,508 | -41,534 |
| 9 | 1,025,064 | -5,081 | 750 | 377 | 73,990 |
| 10 | 8,437 | -960 | 5,316 | 594 | 12,643 |
| 11 | 795,160 | -1,834 | 20,483 | 985 | |
| 12 | 24,631 | 303 | 31,759 | 80,261 | |
| 13 | | 2,758 | | 438 | |
| 14 | | 367 | | 927 | |
| 15 | | 4,201 | | 614 | |
| 16 | | -425 | | 580 | |
| 17 | | -8,167 | | | |
| 18 | | 819 | | | |
| 19 | | 9,740 | | | |
| 20 | | 415 | | | |
| 計 | | | | | |

| 答えの | 小計(1)〜(3) | | | 小計(4)〜(5) | |
|---|---|---|---|---|---|
| 小計 合計 | 合計E(1)〜(5) | | | | |

| 合計Eに対する構成比率 | (1) | (2) | (3) | (4) | (5) |
|---|---|---|---|---|---|
| | (1)〜(3) | | | (4)〜(5) | |

(注意) 構成比率はパーセントの小数第2位未満4捨5入

| No. | 6 | 7 | 8 | 9 | 10 |
|---|---|---|---|---|---|
| 1 | $ 6,820.49 | $ 8.41 | $ 10.20 | $ 7,120.43 | $ 38.25 |
| 2 | 463.10 | 37.25 | 67.59 | 359.78 | 7,642.83 |
| 3 | 6.93 | 624.03 | 83.87 | 175.26 | 61.76 |
| 4 | 1,578.24 | 8,453.82 | 29.31 | 641.87 | 3,780.54 |
| 5 | 31.69 | 19,706.79 | 94.86 | 8,199.60 | -42.09 |
| 6 | 54.05 | -3,452.83 | 17.90 | 380.54 | -9,135.82 |
| 7 | 7,613.98 | 947.16 | 85.16 | 4,672.38 | 30.74 |
| 8 | 2.54 | -20,016.79 | 40.35 | 204.49 | 2,961.45 |
| 9 | 43,769.70 | -51.50 | 35.89 | 531.26 | -76.50 |
| 10 | 9,570.82 | 9.68 | 72.73 | 429.85 | -1,832.86 |
| 11 | 80,215.46 | | 56.48 | 9,853.20 | 5,091.97 |
| 12 | 378.12 | | 42.07 | 719.37 | 79.14 |
| 13 | 2.53 | | 16.23 | 1,960.56 | |
| 14 | 81.97 | | 94.15 | | |
| 15 | | | 60.42 | | |
| 計 | | | | | |

| 答えの小計合計 | 小計(6)～(8) | | (6) | 小計(9)～(10) | | (9) |
| | 合計F(6)～(10) | | (7) | | | (10) |
| | | | (8) | | | |
| 合計Fに対する構成比率 | (6)～(8) | | | (9)～(10) | | |

## ビ ジ ネ ス 計 算

(1) £47.50は何円か。ただし，£1＝¥202とする。

答 _____

(2) ¥670,000を年利率1.9％で7か月間借りた支払利息はいくらか。
（円未満4捨5入）

答 _____

(3) 10ダースにつき¥7,500の商品を270ダース仕入れ，16％の利益をつけ
販売した。実売価の総額はいくらか。

答 _____

(4) 570ydは何メートルか。ただし，1yd＝0.9144mとする。
（メートル未満4捨5入）

答 _____

(5) ¥783は何ドル何セントか。ただし，$1＝¥108とする。

答 _____

(6) 予定売価¥830,000の商品を予定売価の16％引きで販売した。この商品
の実売価はいくらか。

答 _____

(7) ある金額の8掛が¥536,000であった。ある金額はいくらか。

答 _____

(8) $90.20は何円か。ただし，$1＝¥109とする。（円未満4捨5入）

答 _____

(9) ある商品を1個につき¥2,400で仕入れ，代価¥984,000を支払った。仕
入数量は何個か。

答 _____

(10) 380kgは何ポンドか。ただし，1lb＝0.4536kgとする。
（ポンド未満4捨5入）

答 _____

(11) ¥300,000を年利率3.2%で10月3日から12月24日まで借りた。期日に支払う元利合計はいくらか。（片落とし，円未満4捨5入）

答 _____

(12) ある商品を¥591,700で仕入れ，諸掛り¥23,300を支払った。この商品に諸掛込原価の22%の利益をみて販売すると，売上高はいくらか。

答 _____

(13) ¥370,000の3割増しはいくらか。

答 _____

(14) 63,000kgは何米トンか。ただし，1米トン＝907.2kgとする。（米トン未満4捨5入）

答 _____

(15) ¥45,000は¥60,000の何パーセント引きか。

答 _____

(16) 原価¥295,000の商品に，原価の3割4分の利益をみて販売した。利益額はいくらか。

答 _____

(17) ¥73,000を年利率2.1%で85日間貸し付けると元利合計はいくらか。

答 _____

(18) 460lbは何キログラムか。ただし，1lb＝0.4536kgとする。（キログラム未満4捨5入）

答 _____

(19) ¥8,620は何ポンド何ペンスか。ただし，£1＝¥201とする。（ペンス未満4捨5入）

答 _____

(20) 予定売価¥625,000の商品を¥106,250値引きして販売した。値引額は予定売価の何パーセントか。

答 _____

# 第1章　ビジネス計算

①3級に準ずる計算

[割合]

例題と基本問題は省略します。節末の練習問題に挑戦してみてください。

[売買計算]

> **例題1**　ある商品を¥860,000で仕入れ，仕入諸掛¥30,000を支払った。この商品に諸掛込原価の20%の利益を見込んで販売すると，利益額はいくらか。

解式　　(¥860,000＋¥30,000)×0.2＝¥178,000

キー操作　860000⊞30000⊠20％　　　　　　　　　　　答　　¥178,000

**基本問題1**

(1)　ある商品を¥240,000で仕入れ，仕入諸掛¥80,000を支払った。この商品に仕入原価の30%の利益を見込んで販売すると，利益額はいくらか。

答

(2)　ある商品を¥860,000で仕入れ，仕入諸掛¥30,000を支払った。この商品に諸掛込原価の20%の利益を見込んで販売すると，売上高はいくらか。

答

> **例題2**　原価¥90,000の商品に原価の30%の利益をみて予定売価をつけ，予定売価の20%引きで販売した。実売価はいくらか。

解式　　¥90,000×(1＋0.3)×(1−0.2)＝¥93,600

キー操作　90000⊠30％⊞⊠20％⊟　〔S型機種〕90000⊞30％⊟20％　答 ¥93,600

**基本問題2**

(1)　原価¥80,000の商品に原価の20%の利益をみて予定売価をつけ，予定売価の30%引きで販売した。実売価はいくらか。

答

(2)　原価¥70,000の商品に¥3,000の利益をみて予定売価をつけ，予定売価の25%引きで販売した。値引額はいくらか。

答

(3)　原価¥90,000の商品に原価の30%の利益をみて予定売価をつけ，予定売価から¥2,000値引きして販売した。実売価はいくらか。

答

> **例題3**　原価¥336,000の商品に原価の2割5分の利益をみて予定売価をつけ，予定売価から¥75,600値引きして販売した。値引額は予定売価の何パーセントか。

解式　　¥336,000×(1＋0.25)＝¥420,000〔予定売価〕

よって　¥75,600÷¥420,000＝0.18

または　¥75,600÷{¥336,000×(1＋0.25)}＝0.18

キー操作　336000⊠1.25⊟÷75600％　〔S型機種〕336000⊠1.25M＋75600÷RM％

答　　18%

**基本問題3**

(1) 原価¥308,000の商品に原価の25％の利益をみて予定売価をつけ，予定売価から¥46,200
値引きして販売した。値引額は予定売価の何パーセントか。

答 _____

(2) 原価¥400,000の商品に原価の4割5分の利益をみて予定売価をつけ，予定売価から¥92,800
値引きして販売した。値引額は予定売価の何パーセントか。

答 _____

**[外国貨幣と度量衡]**

例題と基本問題は省略します。節末の練習問題に挑戦してみてください。

**[代価の計算]**

> **例題4** ／kgにつき£3.60の商品を900kg仕入れた。支払い代金は円でいくらか。ただし，£／＝
> ¥197とする。（計算の最終で円未満4捨5入）

解式 ¥197×3.60×900＝¥638,280

キー操作 197⊠3.6⊠900⊟

答 ¥638,280

**基本問題4**

(1) ／lbにつき$7.50の商品を520lb仕入れた。支払い代金は円でいくらか。$／＝¥109とする。
（計算の最終で円未満4捨5入）

答 _____

(2) ／ydにつき£4.30の商品を290yd仕入れた。支払い代金は円でいくらか。£／＝¥189とする。
（計算の最終で円未満4捨5入）

答 _____

(3) ／Lにつき€9.10の商品を390L仕入れた。支払い代金は円でいくらか。€／＝¥133とする。
（計算の最終で円未満4捨5入）

答 _____

**[建値の計算]**

商品の取引数量は，ふつう長さ・容積・重さなどによって示され，その単価は一定の基準数量に対する
金額で示されます。この場合，基準となる数量を建といい，建によって示された商品の単位を建値または
相場といいます。

公式 建値×$\dfrac{\text{取引数量}}{\text{建（基準数量）}}$＝代価

> **例題5－①** ／米トンにつき¥7,600の商品を50kg建てにするといくらになるか。ただし，／米ト
> ン＝907.2kgとする。（計算の最終で円未満4捨5入）

解式 ¥7,600×$\dfrac{50\text{kg}}{907.2\text{kg}}$＝¥419

キー操作 ラウンドセレクターを5/4，小数点セレクターを0にセット
7600⊠50⊟907.2⊟

答 ¥419

> **例題5−②**　/0ydにつき¥7,000の商品を/0m建てにするといくらになるか。ただし，/yd＝
> 0.9/44mとする。（計算の最終で円未満4捨5入）

解式　　$\dfrac{¥7,000}{/0} \times \dfrac{/0m}{0.9/44m} = ¥7,655$

キー操作　ラウンドセレクターを5/4，小数点セレクターを0にセット

　　　　　7000 ÷ /0 × /0 ÷ · 9/44 =　　　　　　　　　　答　　　¥7,655

## 基本問題5

(1)　/lbにつき¥3,600の商品を/0kg建てにするといくらになるか。ただし，/lb＝0.4536kgとする。
（計算の最終で円未満4捨5入）

　　　　　　　　　　　　　　　　　　　　　　　　　　　　答

(2)　/英ガロンにつき¥4,800の商品を/00L建てにするといくらになるか。ただし，/英ガロン＝
4.546Lとする。（計算の最終で円未満4捨5入）

　　　　　　　　　　　　　　　　　　　　　　　　　　　　答

(3)　/0米トンにつき¥37,500の商品を60kg建てにするといくらになるか。ただし，/米トン＝
907.2kgとする。（計算の最終で円未満4捨5入）

　　　　　　　　　　　　　　　　　　　　　　　　　　　　答

(4)　/00ydにつき¥82,000の商品を/0m建てにするといくらになるか。ただし，/yd＝0.9/44m
とする。（計算の最終で円未満4捨5入）

　　　　　　　　　　　　　　　　　　　　　　　　　　　　答

(5)　/米ガロンにつき¥2,900の商品を60L建てにするといくらになるか。ただし，/米ガロン＝
3.785Lとする。（計算の最終で円未満4捨5入）

　　　　　　　　　　　　　　　　　　　　　　　　　　　　答

(6)　/0英トンにつき¥67,/00の商品を50kg建てにするといくらになるか。ただし，/英トン＝
/,0/6kgとする。（計算の最終で円未満4捨5入）

　　　　　　　　　　　　　　　　　　　　　　　　　　　　答

## 練習問題1

(1)　¥964,000の商品を/8.5％増しで売った。売った値段はいくらか。

　　　　　　　　　　　　　　　　　　　　　　　　　　　　答

(2)　¥/22,850は¥/82,000の何パーセントか。パーセントの小数第1位まで求めよ。

　　　　　　　　　　　　　　　　　　　　　　　　　　　　答

(3)　予定していた費用の8.2％少ない¥2,832,030の費用で済んだ。予定していた費用はいくらか。

　　　　　　　　　　　　　　　　　　　　　　　　　　　　答

(4)　¥756,600は¥485,000の何割何分増しにあたるか。

　　　　　　　　　　　　　　　　　　　　　　　　　　　　答

(5)　ある会社の今月の売上高が先月の売上高の24.5％増しの¥5,238,960であった。先月の売上高
はいくらであったか。

　　　　　　　　　　　　　　　　　　　　　　　　　　　　答

(6) 借入金の先月分の返済額は¥62,500で今月は先月より/3.6%少なく返済することにした。今月分の返済額はいくらか。

答 _____

(7) ¥738,530は¥874,000の何パーセント引きになるか。パーセントの小数第1位まで求めよ。

答 _____

(8) 営業部の全予算額のうちの22.5%にあたる¥3,906,000が広告宣伝費の予算額である。営業部の全予算額はいくらか。

答 _____

### 練習問題2

(1) ある商品を¥837,800で販売して，原価の4割2分の利益を得た。この商品の原価はいくらか。

答 _____

(2) 原価¥650,000の商品に¥105,000の利益をみて予定売価をつけ，予定売価の/2%値引きして販売した。実売価はいくらか。

答 _____

(3) /0lbにつき¥5,300の商品を/40lb仕入れ，諸掛り¥15,600を支払った。諸掛込原価はいくらか。

答 _____

(4) 原価¥420,000の商品を¥567,000で販売した。利益額は原価の何パーセントにあたるか。

答 _____

(5) 原価¥573,000の商品に，原価の27%の利益をみて予定売価をつけた。予定売価はいくらか。

答 _____

(6) /個につき¥450の商品を400個仕入れ，諸掛り¥15,000を支払った。この商品に諸掛込原価の/6%の利益を見込んで販売すると，利益額はいくらか。

答 _____

(7) 予定売価¥670,000の商品を¥455,600で販売した。値引額は予定売価の何パーセントか。

答 _____

(8) 予定売価¥920,000の商品を予定売価の2割8分引きで販売した。実売価はいくらか。

答 _____

(9) 原価¥380,000の商品に¥85,200の利益をみて予定売価をつけ，予定売価の25%値引きで販売した。値引額はいくらか。

答 _____

(10) /kgにつき¥760の商品を320kg仕入れ，諸掛り¥4,800を支払った。この商品に諸掛込原価の3割4分の利益を見込んで販売すると，実売価の総額はいくらか。

答 _____

(11) 原価¥290,000の商品に原価の32%の利益をみて予定売価をつけ，予定売価の25%引きで販売した。実売価はいくらか。

答 _____

⑿ 原価¥243,200の商品に原価の25%の利益をみて予定売価をつけ，予定売価から¥94,240
値引きして販売した。値引額は予定売価の何パーセントか。

答 _____

**練習問題3**

(1) ¥53,200は何ドル何セントか。ただし，$1＝¥108とする。（セント未満4捨5入）

答 _____

(2) €609.40は円でいくらか。ただし，€1＝¥131とする。（円未満4捨5入）

答 _____

(3) ¥86,500は何ポンド何ペンスか。ただし，£1＝¥196とする。（ペンス未満4捨5入）

答 _____

(4) 2,700ydは何メートルか。ただし，1yd＝0.9144mとする。（メートル未満4捨5入）

答 _____

(5) 1,800kgは何ポンドか。ただし，1lb＝0.4536kgとする。（ポンド未満4捨5入）

答 _____

(6) 6,300Lは何米ガロンか。ただし，1米ガロン＝3.785Lとする。（米ガロン未満4捨5入）

答 _____

**練習問題4**

(1) 1英ガロンにつき£5.20の商品を760英ガロン仕入れた。支払い代金は円でいくらか。ただし，
£1＝¥197とする。（計算の最終で円未満4捨5入）

答 _____

(2) 1mにつき$9.80の商品を410m仕入れた。支払い代金は円でいくらか。ただし，$1＝¥112と
する。（計算の最終で円未満4捨5入）

答 _____

(3) 1kgにつき€3.70の商品を650kg仕入れた。支払い代金は円でいくらか。ただし，€1＝¥133
とする。（計算の最終で円未満4捨5入）

答 _____

(4) 1米トンにつき$8.20の商品を940米トン仕入れた。支払い代金は円でいくらか。ただし，
$1＝¥108とする。（計算の最終で円未満4捨5入）

答 _____

(5) 1lbにつき£6.90の商品を830lb仕入れた。支払い代金は円でいくらか。ただし，£1＝¥194と
する。（計算の最終で円未満4捨5入）

答 _____

## ②利息の計算

**[元金を求める計算]**　公式　元金＝利息÷(利率×期間)

> **例題1**　ある金額を年利率4%で，3年間借り入れたところ，利息が¥48,000になった。元金はいくらであったか。

解式　　　元金×0.04×3＝¥48,000

¥48,000÷(0.04×3)＝¥400,000

キー操作　48000÷.04÷3＝

　または　48000÷4%÷3＝

答　　¥400,000

> **例題2**　ある金額を年利率6%で，8か月間貸して利息¥36,000を受け取った。元金はいくらであったか。

解式　　　元金×0.06×$\frac{8}{12}$＝¥36,000

¥36,000×12÷(0.06×8)＝¥900,000

キー操作　36000×12÷.06÷8＝

　または　36000×12÷6%÷8＝

答　　　¥900,000

> **例題3**　年利率5%で，73日間借りて，¥8,200の利息を支払った。元金はいくらであったか。

解式　　　元金×0.05×$\frac{73}{365}$＝¥8,200

¥8,200×365÷(0.05×73)＝¥820,000

　または　¥8,200÷(0.05×0.2)＝¥820,000

キー操作　8200×365÷.05÷73＝

　または　8200×365÷5%÷73＝

　または　8200÷5%÷.2＝

答　　　¥820,000

## 基本問題1

(1) ある金額を年利率5.3%で，2年6か月間借り入れ，期日に利息¥63,600を支払った。元金はいくらであったか。

答　　　　　　　　　　　

(2) 年利率4.5%で，120日間借り入れ，期日に利息¥10,800を支払った。元金はいくらであったか。

答　　　　　　　　　　　

(3) 年利率7.1%で，8か月間貸して，利息¥29,820を受け取った。元金はいくらであったか。

答　　　　　　　　　　　

(4) 年利率8.4%で，3月15日から8月8日まで借り入れたところ，利息¥17,472を支払った。元金はいくらであったか。(片落とし)

答　　　　　　　　　　　

(5) ある金額を年利率6.3%で，1年9か月間貸して，期日に利息¥92,610を受け取った。元金はいくらであったか。

答

**[利率を求める計算]**　公式　利率＝利息÷(元金×期間)

---

**例題4**　元金￥300,000を3年間借り入れて，期日に利息￥54,000を支払った。利率は年何パーセントであったか。

解式　　￥300,000×利率×3＝￥54,000

　　　　￥54,000÷(￥300,000×3)＝0.06

キー操作　54000÷300000÷3％　　　　　　　　　　　　　　　答　　　　6％

---

**例題5**　元金￥500,000を9か月間借り入れて，期日に利息￥15,000を支払った。利率は年何パーセントであったか。

解式　　$￥500,000×利率×\dfrac{9}{12}＝￥15,000$

　　　　￥15,000×12÷(￥500,000×9)＝0.04

または　￥15,000÷(￥500,000×0.75)＝0.04

キー操作　15000×12÷500000÷9％

または　15000÷500000÷・75％　　　　　　　　　　　　　答　　　　4％

---

**例題6**　元金￥700,000を219日間貸し付け，期日に利息￥21,000を受け取った。利率は年何パーセントであったか。

解式　　$￥700,000×利率×\dfrac{219}{365}＝￥21,000$

　　　　￥21,000×365÷(700,000×219)＝0.05

または　￥21,000÷(￥700,000×0.6)＝0.05

キー操作　21000×365÷700000÷219％

または　21000÷700000÷・6％　　　　　　　　　　　　　　答　　　　5％

---

### 基本問題2

(1)　元金￥480,000を2年4か月間借り入れて期日に利息￥70,560を支払った。利率は年何パーセントであったか。パーセントの小数第1位まで求めよ。

　　　　　　　　　　　　　　　　　　　　　　　　　　　　　答

(2)　元金￥650,000を292日間貸し付け，期日に利息￥28,080を受け取った。利率は年何パーセントであったか。パーセントの小数第1位まで求めよ。

　　　　　　　　　　　　　　　　　　　　　　　　　　　　　答

(3)　元金￥960,000を8か月間借り入れ，期日に利息￥49,920を支払った。利率は年何パーセントであったか。パーセントの小数第1位まで求めよ。

　　　　　　　　　　　　　　　　　　　　　　　　　　　　　答

(4)　元金￥370,000を2月15日から4月28日まで貸し付けて，期日に利息￥7,104を受け取った。利率は年何パーセントであったか。パーセントの小数第1位まで求めよ。(うるう年，片落とし)

　　　　　　　　　　　　　　　　　　　　　　　　　　　　　答

(5)　元金￥520,000を3年9か月間借り入れた。期日に利息￥159,900を支払った。利率は年何パーセントであったか。パーセントの小数第1位まで求めよ。

　　　　　　　　　　　　　　　　　　　　　　　　　　　　　答

[期間を求める計算]　公式　期間＝利息÷（元金×利率）

**例題7**　元金¥200,000を年利率5％で借り入れて，利息¥40,000を支払った。借入期間は何年間であったか。

解式　　¥200,000×0.05×期間＝¥40,000
　　　　¥40,000÷（¥200,000×0.05）＝4

キー操作　40000÷200000÷・05＝
または　40000÷200000÷5％

答　　　4年（間）

**例題8**　元金¥600,000を年利率7％で貸し付けて，利息¥63,000を受け取った。貸付期間は何年何か月間であったか。

解式　　$¥600,000×0.07×\dfrac{月数}{12}＝¥63,000$

　　　　¥63,000×12÷（¥600,000×0.07）＝18

キー操作　63000×12÷600000÷・07＝
または　63000×12÷600000÷7％

答　　1年6か月（間）

**例題9**　元金¥400,000を年利率8％で借り入れて，利息¥6,400を支払った。借入期間は何日間であったか。

解式　　$¥400,000×0.08×\dfrac{日数}{365}＝¥6,400$

　　　　¥6,400×365÷（¥400,000×0.08）＝73

キー操作　6400×365÷400000÷・08＝
または　6400×365÷400000÷8％

答　　　73日（間）

## 基本問題3

(1)　元金¥370,000を年利率6.4％で借り入れ，期日に利息¥59,200を支払った。借入期間は何年何か月間であったか。

答

(2)　元金¥580,000を年利率7.3％で貸し付け，期日に利息¥20,880を受け取った。貸付期間は何日間であったか。

答

(3)　元金¥750,000を年利率5.8％で借り入れ，期日に利息¥32,625を支払った。借入期間は何か月間であったか。

答

(4)　元金¥876,000を年利率4.8％で貸し付け，期日に利息¥27,648を受け取った。貸付期間は何日間であったか。

答

(5)　元金¥940,000を年利率4.1％で借り入れ，期日に利息¥67,445を支払った。借入期間は何年何か月間であったか。

答

**練習問題**

(1) ¥4,800,000を年利率5.4%で9か月間借り入れた。利息はいくらか。

答 _____

(2) ¥3,700,000を年利率3.8%で150日間貸すと，受け取る利息はいくらか。（円未満切り捨て）

答 _____

(3) ¥2,500,000を年利率6.5%で3月15日から7月15日まで借り入れた。利息はいくらか。
（片落とし，円未満切り捨て）

答 _____

(4) ¥6,900,000を年利率4.3%で2年6か月間貸し付けると，受け取る元利合計はいくらか。
（円未満切り捨て）

答 _____

(5) ¥5,400,000を年利率8.9%で90日間貸し付けると，受け取る元利合計はいくらか。
（円未満切り捨て）

答 _____

(6) ¥2,100,000を年利率3.7%で1月14日から10月11日まで貸し付けると受け取る元利合計は
いくらか。（平年，片落とし，円未満切り捨て）

答 _____

(7) 年利率7.3%で240日間借り入れ，期日に利息¥36,000を支払った。借入金はいくらであったか。

答 _____

(8) ¥930,000を年利率6.4%で貸し付け，利息¥23,808を受け取った。貸付期間は何日間であっ
たか。

答 _____

(9) ¥720,000を年利率8.4%で借り入れ，期日に利息¥141,120を支払った。借入期間は何年何
か月間であったか。

答 _____

(10) ¥876,000を6月29日から9月27日まで貸し付け，利息¥11,880を受け取った。利率は年
何パーセントであったか。パーセントの小数第1位まで求めよ。（片落とし）

答 _____

(11) 年利率6.8%で3年6か月間借り入れ，利息¥154,700を支払った。借入金はいくらであったか。

答 _____

(12) ¥540,000を年利率7.5%で貸し付け，利息¥209,250を受け取った。貸付期間は何年何か月
間であったか。

答 _____

### ③手形割引の計算

　手形には約束手形と為替手形の2種類があり，いずれも支払期日前に銀行で買い取ってもらうことができます。

　このように手形を期日前に現金化することを手形割引といいますが，このとき，割り引いた日（割引日）から手形の支払期日（満期または満期日）までの利息分は差し引いて買い取られます。この差し引かれる利息分を割引料，手形金額から割引料を差し引いた金額を手取金といいます。

　　手形金額…期日に受け払いすることを約束した金額（期日支払高）　＊額面ともいう
　　割引料……手形金額から差し引く利息相当金額
　　割引率……手形金額に対する割引料の割合
　　割引日数…割引日から満期日までの期間
　　手取金……期日前に実際に受け払いする金額
　　　＊割引日数は両端入れ，割引料の円未満は切り捨て

公式

$$割引料＝手形金額×割引率×\frac{割引日数}{365}$$

$$手取金＝手形金額－割引料$$

---

**例題1**　額面¥600,000の手形を，割引率年8％で割り引いた。割引料はいくらか。ただし，割引日数を79日とする。（円未満切り捨て）

---

解式　　$¥600,000×0.08×\dfrac{79}{365}＝¥10,389$

キー操作　ラウンドセレクターをCUT，小数点セレクターを0にセット
　　　　$600000 ✕ \cdot 08 ✕ 79 ÷ 365 ＝$
　　または　$600000 ✕ 8 ％ ✕ 79 ÷ 365 ＝$

答　　　¥10,389

### 基本問題1

(1)　額面¥700,000の手形を，割引率年6％で割り引いた。割引料はいくらか。ただし，割引日数を48日とする。（円未満切り捨て）

答

(2)　額面¥480,000の手形を，割引率年4.5％で割り引いた。割引料はいくらか。ただし，割引日数を34日とする。（円未満切り捨て）

答

**例題2** 額面￥300,000の手形を，割引率年6.5%で3月20日に割り引いた。割引料はいくらか。ただし，満期日を6月1日とする。（両端入れ，円未満切り捨て）

解式　　3／20～6／1（両端入れ）……74日

$$￥300,000×0.065×\frac{74}{365}=￥3,953$$

キー操作　ラウンドセレクターをCUT，小数点セレクターを0にセット

300000 ⊠ ・065 ⊠ 74 ÷ 365 ⊟

または　300000 ⊠ 6.5 % ⊠ 74 ÷ 365 ⊟　　　　　　　答　　　￥3,953

## 基本問題2

(1) 額面￥390,000の手形を，割引率年4.5%で5月7日に割り引いた。割引料はいくらか。ただし，満期日を6月30日とする。（両端入れ，円未満切り捨て）

答

(2) 8月20日満期，額面￥960,000の約束手形を，6月5日に割引率年3.5%で割り引いた。割引料はいくらか。（両端入れ，円未満切り捨て）

答

**例題3** 額面￥840,000の手形を，割引率年4.5%で割り引いた。手取金はいくらか。ただし，割引日数を55日とする。（割引料の円未満切り捨て）

解式　　$$￥840,000×0.045×\frac{55}{365}=￥5,695$$

$$￥840,000-￥5,695=￥834,305$$

キー操作　ラウンドセレクターをCUT，小数点セレクターを0にセット

840000 M⊞ ⊠ ・045 ⊠ 55 ÷ 365 （⊟） M⊟ MR　〔S型機種は MR の代わりに RM〕

または　840000 M⊞ ⊠ 4.5 % ⊠ 55 ÷ 365 （⊟） M⊟ MR　〔S型機種は MR の代わりに RM〕

答　　　￥834,305

## 基本問題3

(1) 額面￥480,000の手形を，割引率年5.5%で割り引いた。手取金はいくらか。ただし，割引日数を63日とする。（割引料の円未満切り捨て）

答

(2) 額面￥920,000の手形を，割引率年4.75%で割り引いた。手取金はいくらか。ただし，割引日数を28日とする。（割引料の円未満切り捨て）

答

**例題4** 8月5日満期，額面¥500,000の手形を，6月30日に割引率年9%で割り引いた。手取金はいくらか。（両端入れ，割引料の円未満切り捨て）

解式　　　6/30〜8/5（両端入れ）……37日

$$¥500,000×0.09×\frac{37}{365}=¥4,561$$

$$¥500,000-¥4,561=¥495,439$$

キー操作　ラウンドセレクターをCUT，小数点セレクターを0にセット

　　　　　500000 Ⓜ⁺ ✕ ・09 ✕ 37 ÷ 365 （＝） Ⓜ⁻ Ⓜ®〔S型機種はⓂ®の代わりにℝⓂ〕

　　　　　または　500000 Ⓜ⁺ ✕ 9 ％ ✕ 37 ÷ 365 （＝） Ⓜ⁻ Ⓜ®〔S型機種はⓂ®の代わりにℝⓂ〕

　　　　　　　　　　　　　　　　　　　　　　　　　　　　　　答　　¥495,439

## 基本問題4

(1) 9月30日満期，額面¥860,000の手形を，7月1日に割引率年4%で割り引いた。手取金はいくらか。（両端入れ，割引料の円未満切り捨て）

　　　　　　　　　　　　　　　　　　　　　　　　　　　　　　答

(2) 3月10日満期，額面¥480,000の手形を，2月9日に割引率年3.5%で割り引いた。手取金はいくらか。（平年，両端入れ，割引料の円未満切り捨て）

　　　　　　　　　　　　　　　　　　　　　　　　　　　　　　答

## 練習問題1

(1) 額面¥847,000の手形を，4月25日に割引率年4.5%で割り引いた。手取金はいくらか。ただし，満期日は6月18日とする。（両端入れ，割引料の円未満切り捨て）

　　　　　　　　　　　　　　　　　　　　　　　　　　　　　　答

(2) 額面¥650,000の約束手形を，割引率年5.25%で割り引けば，割引料はいくらか。ただし，割引日数を68日とする。（円未満切り捨て）

　　　　　　　　　　　　　　　　　　　　　　　　　　　　　　答

(3) 9月10日満期，額面¥710,000の手形を6月24日に割引率年3%で割り引いた。割引料はいくらか。（両端入れ，円未満切り捨て）

　　　　　　　　　　　　　　　　　　　　　　　　　　　　　　答

(4) 額面¥492,000の手形を，割引率年6.5%で割り引いた。手取金はいくらか。ただし，割引日数を80日とする。（割引料の円未満切り捨て）

　　　　　　　　　　　　　　　　　　　　　　　　　　　　　　答

**練習問題2**

(1) 額面￥370,000の手形を，割引率年2.5%で割り引くと，割引料はいくらか。ただし，割引日数は59日とする。（円未満切り捨て）

答 _____

(2) 8月/日満期，額面￥269,000の手形を5月8日に割引率年7.5%で割り引いた。手取金はいくらか。（両端入れ，割引料の円未満切り捨て）

答 _____

(3) 額面￥190,000の手形を，9月30日に割引率年6.75%で割り引いた。割引料はいくらか。ただし，満期日は12月30日とする。（両端入れ，円未満切り捨て）

答 _____

(4) 額面￥430,000の手形を，割引率年6%で割り引いた。手取金はいくらか。ただし，割引日数を54日とする。（割引料の円未満切り捨て）

答 _____

(5) 額面￥280,000の手形を，7月/0日に割引率年7%で割り引いた。割引料はいくらか。ただし，満期日は9月//日とする。（両端入れ，円未満切り捨て）

答 _____

(6) 額面￥390,000の手形を，割引率年4.25%で割り引いた。手取金はいくらか。ただし，割引日数を58日とする。（割引料の円未満切り捨て）

答 _____

(7) 6月2/日満期，額面￥620,000の手形を，4月/3日に割引率年3.5%で割り引いた。手取金はいくらか。（両端入れ，割引料の円未満切り捨て）

答 _____

(8) 額面￥820,000の手形を，割引率年4.5%で割り引くと，割引料はいくらか。ただし，割引日数は67日とする。（円未満切り捨て）

答 _____

#### ④仲立人の手数料に関する計算

仲立人は，他人の間に立って売買その他の取引の仲立ちをする商人である。仲立人は仲立ちの報酬として，売り主と買い主の双方から手数料を受け取ることになっている。手数料は，契約で定めた率で売買価額に対する割合で計算される。

公式　売り主の手数料＝売買価額×売り主の手数料率
　　　　買い主の手数料＝売買価額×買い主の手数料率

---

**例題1**　仲立人が売り主・買い主の双方から3./%ずつ手数料を受け取る約束で¥4,700,000の商品の売買を仲介した。売り主の支払った手数料はいくらか。

---

解式　　　¥4,700,000×0.03/＝¥/45,700

キー操作　4700000×□03/＝

または　4700000×3./%

答　　¥/45,700

#### 基本問題1

(1)　仲立人が売り主から2.6%，買い主から/.9%の手数料を受け取る約束で¥3,800,000の商品の売買を仲介した。売り主の支払った手数料はいくらか。

答

(2)　仲立人が売り主・買い主の双方から2.9%ずつ手数料を受け取る約束で¥5,900,000の商品の売買を仲介した。売り主の支払った手数料はいくらか。

答

---

**例題2**　仲立人が売り主から2.9%，買い主から3.3%の手数料を受け取る約束で¥2,850,000の商品の売買を仲介した。買い主の支払った手数料はいくらか。

---

解式　　　¥2,850,000×0.033＝¥94,050

キー操作　2850000×□033＝

または　2850000×3.3%

答　　¥94,050

#### 基本問題2

(1)　仲立人が売り主・買い主の双方から2.3%ずつ手数料を受け取る約束で¥/,800,000の商品の売買を仲介した。買い主の支払った手数料はいくらか。

答

(2)　仲立人が売り主から3.8%，買い主から3.4%の手数料を受け取る約束で¥6,500,000の商品の売買を仲介した。買い主の支払った手数料はいくらか。

答

**練習問題1**

(1) 仲立人が売り主・買い主の双方から2.8%ずつ手数料を受け取る約束で¥3,200,000の商品の売買を仲介した。売り主の支払った手数料はいくらか。

答 _____

(2) 仲立人が売り主・買い主の双方から3.7%ずつ手数料を受け取る約束で¥4,100,000の商品の売買を仲介した。買い主の支払った手数料はいくらか。

答 _____

(3) 仲立人が売り主・買い主の双方から3.2%ずつ手数料を受け取る約束で¥7,650,000の商品の売買を仲介した。買い主の支払った手数料はいくらか。

答 _____

(4) 仲立人が売り主・買い主の双方から2.7%ずつ手数料を受け取る約束で¥5,400,000の商品の売買を仲介した。売り主の支払った手数料はいくらか。

答 _____

(5) 仲立人が売り主・買い主の双方から2.6%ずつ手数料を受け取る約束で¥7,520,000の商品の売買を仲介した。売り主の支払った手数料はいくらか。

答 _____

(6) 仲立人が売り主・買い主の双方から1.7%ずつ手数料を受け取る約束で¥2,860,000の商品の売買を仲介した。買い主の支払った手数料はいくらか。

答 _____

(7) 仲立人が売り主・買い主の双方から3.3%ずつ手数料を受け取る約束で¥4,860,000の商品の売買を仲介した。買い主の支払った手数料はいくらか。

答 _____

公式　仲立人の手数料合計＝売買価額×（売り主の手数料率＋買い主の手数料率）
　　　売り主の手取金＝売買価額×（1－売り主の手数料率）
　　　買い主の支払総額＝売買価額×（1＋買い主の手数料率）

**例題3** 仲立人が売り主から2.8%，買い主から3.3%の手数料を受け取る約束で¥4,300,000の商品の売買を仲介した。仲立人が得た手数料の合計額はいくらか。

解式　　¥4,300,000×（0.028＋0.033）＝¥262,300
キー操作　・028＋・033×4300000＝
または　2.8＋3.3×4300000%

答　　¥262,300

**基本問題3**

(1) 仲立人が売り主・買い主の双方から2.4%ずつ手数料を受け取る約束で¥3,600,000の商品の売買を仲介した。仲立人が得た手数料の合計額はいくらか。

答 _____

(2) 仲立人が売り主から2.5%，買い主から1.8%の手数料を受け取る約束で¥7,400,000の商品の売買を仲介した。仲立人が得た手数料の合計額はいくらか。

答 _____

(3) 仲立人が売り主・買い主の双方から6.1%ずつ手数料を受け取る約束で¥1,890,000の商品の売買を仲介した。仲立人が得た手数料の合計額はいくらか。

答 _____

**例題4** 仲立人が売り主・買い主の双方から3.8%ずつ手数料を受け取る約束で¥5,200,000の商品の売買を仲介した。売り主の手取金はいくらか。

解式　¥5,200,000×(1−0.038)＝¥5,002,400
キー操作　1−·038×5200000＝
または　5200000×3.8%−〔S型はさらに＝を押す〕

答　¥5,002,400

**基本問題4**

(1) 仲立人が売り主から1.9%，買い主から2.5%の手数料を受け取る約束で¥8,400,000の商品の売買を仲介した。売り主の手取金はいくらか。

答　　　　　　　　　

(2) 仲立人が売り主・買い主の双方から2.6%ずつ手数料を受け取る約束で¥3,700,000の商品の売買を仲介した。売り主の手取金はいくらか。

答　　　　　　　　　

(3) 仲立人が売り主から4.4%，買い主から4%の手数料を受け取る約束で¥7,620,000の商品の売買を仲介した。売り主の手取金はいくらか。

答　　　　　　　　　

**例題5** 仲立人が売り主から1.7%，買い主から2.3%の手数料を受け取る約束で¥6,900,000の商品の売買を仲介した。買い主の支払総額はいくらか。

解式　¥6,900,000×(1＋0.023)＝¥7,058,700
キー操作　1＋·023×6900000＝
または　6900000×2.3%＋〔S型はさらに＝を押す〕

答　¥7,058,700

**基本問題5**

(1) 仲立人が売り主・買い主の双方から3.2%ずつ手数料を受け取る約束で¥2,500,000の商品の売買を仲介した。買い主の支払総額はいくらか。

答　　　　　　　　　

(2) 仲立人が売り主から2.3%，買い主から1.9%の手数料を受け取る約束で¥4,800,000の商品の売買を仲介した。買い主の支払総額はいくらか。

答　　　　　　　　　

(3) 仲立人が売り主・買い主の双方から2.8%ずつ手数料を受け取る約束で¥9,360,000の商品の売買を仲介した。買い主の支払総額はいくらか。

答

**練習問題2**

(1) 仲立人が売り主から3./%，買い主から3.7%の手数料を受け取る約束で¥3,750,000の商品の売買を仲介した。仲立人が得た手数料の合計額はいくらか。

答 _____

(2) 仲立人が売り主・買い主の双方から4.3%ずつ手数料を受け取る約束で¥7,240,000の商品の売買を仲介した。買い主の支払総額はいくらか。

答 _____

(3) 仲立人が売り主から2.9%，買い主から3.4%の手数料を受け取る約束で¥6,3/0,000の商品の売買を仲介した。売り主の手取金はいくらか。

答 _____

(4) 仲立人が売り主から4.2%，買い主から4.7%の手数料を受け取る約束で¥/,830,000の商品の売買を仲介した。仲立人が得た手数料の合計額はいくらか。

答 _____

(5) 仲立人が売り主・買い主の双方から3.8%ずつ手数料を受け取る約束で¥5,/60,000の商品の売買を仲介した。売り主の手取金はいくらか。

答 _____

(6) 仲立人が売り主から3.2%，買い主から2.6%の手数料を受け取る約束で¥8,420,000の商品の売買を仲介した。買い主の支払総額はいくらか。

答 _____

(7) 仲立人が売り主から3.7%，買い主から3.2%の手数料を受け取る約束で¥2,870,000の商品の売買を仲介した。売り主の手取金はいくらか。

答 _____

(8) 仲立人が売り主・買い主の双方から5.2%ずつ手数料を受け取る約束で¥4,580,000の商品の売買を仲介した。仲立人が得た手数料の合計額はいくらか。

答 _____

(9) 仲立人が売り主から2.2%，買い主から/.6%の手数料を受け取る約束で¥6,730,000の商品の売買を仲介した。買い主の支払総額はいくらか。

答 _____

(10) 仲立人が売り主から/.8%，買い主から2.3%の手数料を受け取る約束で¥/,650,000の商品の売買を仲介した。売り主の手取金はいくらか。

答 _____

(11) 仲立人が売り主・買い主の双方から3.5%ずつ手数料を受け取る約束で¥5,920,000の商品の売買を仲介した。買い主の支払総額はいくらか。

答 _____

(12) 仲立人が売り主から2.8%，買い主から2.6%の手数料を受け取る約束で¥7,/80,000の商品の売買を仲介した。仲立人が得た手数料の合計額はいくらか。

答 _____

## ⑤複利の計算

利息の計算には単利法と複利法がありますが，ここでは複利法について解説します。

複利法では，ある期間について計算した元金と利息の合計（元利合計）を次の期間の元金とし，次の期間の利息を計算し，またこの利息を元金に繰り入れていく計算方法です。

用語　複利終価……複利法で計算された元利合計

　　　複利利息……複利法で計算された利息

　　　複利現価……将来の一定の金額から金利分を割り引くと今いくらかという現在価値を表したもの

　　　/年/期……元金に繰り入れる利息の計算期間が/年

　　　半年/期……元金に繰り入れる利息の計算期間が半年

　　　期　　数……利息計算期の合計

公式　複利終価＝元金×（1+利率）$^{期数}$

　　　複利利息＝複利終価－元金

### ［複利終価の計算］

#### 1年1期の計算の場合

> **例題1**　元金¥200,000を年利率4%，/年/期の複利で6年間預けると，複利終価はいくらになるか。（円未満4捨5入）

解式　　¥200,000×(1+0.04)$^6$

　　　　複利終価表4%6期の複利終価率1.26531902を利用して計算

　　　　¥200,000×1.26531902＝¥253,063.804

キー操作　ラウンドセレクターを5/4，小数点セレクターを0にセット

　　　　1□26531902⊠200000⊟　　　　　　　　　　　　答　　¥253,064

### 基本問題1

(1) 元金¥300,000を年利率6%，/年/期の複利で8年間預けると，複利終価はいくらになるか。（円未満4捨5入）

答

(2) ¥600,000を年利率5%，/年/期の複利で10年間借り入れると，複利終価はいくらになるか。（円未満4捨5入）

答

(3) 元金¥800,000を年利率3.5%，/年/期の複利で7年間預けると，複利終価はいくらになるか。（円未満4捨5入）

答

#### 半年1期の計算の場合

> **例題2**　元金¥400,000を年利率6%，半年/期の複利で3年6か月間預けると，複利終価はいくらになるか。（円未満4捨5入）

解式　　年利率を半分，期数は6か月を1期分として数える。

　　　　利率→3%　　期数→3×2+1＝7期

　　　　¥400,000×(1+0.03)$^7$

　　　　複利終価表3%7期の複利終価率1.22987387を利用して計算

　　　　¥400,000×1.22987387＝¥491,949.548

キー操作　ラウンドセレクターを5/4，小数点セレクターを0にセット

　　　　1□22987387⊠400000⊟　　　　　　　　　　　　答　　¥491,950

**基本問題2**

(1) 元金￥700,000を年利率6%，半年1期の複利で3年間預けると，複利終価はいくらになるか。
（円未満4捨5入）

答 _____

(2) ￥300,000を年利率9%，半年1期の複利で4年6か月間借り入れると，複利終価はいくらになるか。（円未満4捨5入）

答 _____

(3) 元金￥600,000を年利率8%，半年1期の複利で6年間預けると，複利終価はいくらになるか。
（円未満4捨5入）

答 _____

**[複利利息の計算]**

> **例題3** 元金￥500,000を年利率7%，1年1期の複利で8年間預けると，複利利息はいくらになるか。（円未満4捨5入）

解式 　　$￥500,000×(1+0.07)^8-￥500,000$

　　　　複利終価表7%8期の複利終価率1.718618を利用して計算

　　　　$￥500,000×1.718618-￥500,000=￥359,093.09$

または 　$￥500,000×(1.718618-1)=￥359,093.09$

キー操作 　ラウンドセレクターを5/4，小数点セレクターを0にセット

　　　　$1⋅718618×500000-500000=$

または 　$1⋅718618-1×500000=$ 　　答 　 ￥359,093

**基本問題3**

(1) 元金￥400,000を年利率7%，1年1期の複利で13年間預けると，複利利息はいくらになるか。
（円未満4捨5入）

答 _____

(2) ￥700,000を年利率4%，1年1期の複利で8年間借り入れると，複利利息はいくらになるか。
（円未満4捨5入）

答 _____

(3) 元金￥800,000を年利率6%，半年1期の複利で7年6か月間預けると，複利利息はいくらになるか。（円未満4捨5入）

答 _____

## [複利現価の計算]

### 1年1期の計算の場合

> **例題4** *8*年後に返済する約束の負債¥*500,000*を年利率5%，*1*年*1*期の複利で割り引いて，今支払うとすれば，複利現価はいくらか。（円未満4捨5入）

解式　　$¥500,000 \times \dfrac{1}{(1+0.05)^8} =$

複利現価表5%*8*期の複利現価率*0.67683936*を利用して計算

$¥500,000 \times 0.67683936 = ¥338,419.68$

キー操作　ラウンドセレクターを5/4，小数点セレクターを0にセット

$\boxed{\cdot}67683936\boxed{\times}500000\boxed{=}$

答　　　　¥*338,420*

### 基本問題4

(1) *6*年後に返済する約束の負債¥*300,000*を年利率*7*%，*1*年*1*期の複利で割り引いて，いま支払うとすれば，複利現価はいくらか。（円未満4捨5入）

答　　　　　　　　　　

(2) *8*年後に¥*700,000*を得たい。*1*年*1*期の複利で年利率*6*%とすれば，いまいくら投資したらよいか。（円未満4捨5入）

答　　　　　　　　　　

(3) *7*年後に返済する約束の負債¥*400,000*を年利率*4*%，*1*年*1*期の複利で割り引いて，いま支払うとすれば，その現価はいくらになるか。（円未満4捨5入）

答　　　　　　　　　　

(4) *9*年後に返済する約束の負債¥*200,000*を年利率*3.5*%，*1*年*1*期の複利で割り引いて，いま支払うとすれば，その支払額はいくらになるか。（¥100未満切り上げ）

〈注〉キー操作は $\boxed{F}$ を使い，各自で求めること。

答　　　　　　　　　　

(5) *12*年後に返済する約束の負債¥*600,000*を年利率*4.5*%，*1*年*1*期の複利で割り引いて，いま支払うとすれば，複利現価はいくらか。（¥100未満4捨5入）

〈注〉キー操作は $\boxed{F}$ を使い，各自で求めること。

答

**半年1期の計算の場合**

---

**例題5**　3年後に¥300,000を得たい。半年1期の複利で年利率6%とすれば，いまいくら投資したらよいか。（円未満4捨5入）

---

解式　$¥300,000 × \dfrac{1}{(1+0.03)^6} =$

複利現価表3%6期の複利現価率0.83748426を利用して計算

$¥300,000 × 0.83748426 = ¥251,245.278$

キー操作　ラウンドセレクターを5/4，小数点セレクターを0にセット

・83748426×300000＝　　　　　　　　　　　　答　　¥251,245

**基本問題5**

(1)　7年後に返済する約束の負債¥300,000を年利率8%，半年1期の複利で割り引いて，いま支払うとすれば，その現価はいくらになるか。（円未満4捨5入）

答　_____

(2)　6年後に返済する約束の負債¥500,000を年利率9%，半年1期の複利で割り引いて，いま支払うとすれば，その支払額はいくらになるか。（円未満4捨5入）

答　_____

(3)　3年後に返済する約束の負債¥200,000を年利率7%，半年1期の複利で割り引いて，いま支払うとすれば，複利現価はいくらか。（円未満4捨5入）

答　_____

(4)　5年6か月後に¥900,000を得たい。半年1期の複利で年利率5%とすれば，いまいくら投資したらよいか。（¥100未満4捨5入）

〈注〉キー操作は ＝ を使い，各自で求めること。

答　_____

(5)　7年6か月後返済する約束の負債¥300,000を年利率6%，半年1期の複利で割り引いて，いま支払うとすれば，その現価はいくらになるか。（¥100未満切り上げ）

〈注〉キー操作は ＝ を使い，各自で求めること。

答　_____

**練習問題**

(1) 元金¥710,000を年利率4%，1年1期の複利で9年間預けると，複利終価はいくらになるか。（円未満4捨5入）

答

(2) ¥840,000を年利率8%，半年1期の複利で7年6か月間借り入れると，複利終価はいくらになるか。（円未満4捨5入）

答

(3) 6年6か月後に¥4,500,000を得るには，いまいくら投資しておけばよいか。ただし，年利率6%，半年1期の複利とする。（¥100未満切り上げ）

答

(4) 元金¥580,000を年利率7%，半年1期の複利で6年間預けると，複利利息はいくらになるか。（円未満4捨5入）

答

(5) 10年後に返済する約束の借入金¥980,000を年利率5%，1年1期の複利で割り引いて，いま返すとすれば現価はいくらか。（円未満4捨5入）

答

(6) 元金¥630,000を年利率9%，半年1期の複利で4年6か月間預けると，複利終価はいくらになるか。（¥100未満切り上げ）

答

(7) 4年後に返済する約束の負債¥290,000を年利率5%，半年1期の複利で割り引いて，いま支払うとすれば，支払額はいくらになるか。（¥100未満4捨5入）

答

(8) ¥850,000を年利率6%，半年1期の複利で3年6か月間借り入れると，複利利息はいくらになるか。（円未満4捨5入）

答

(9) 元金¥780,000を年利率4.5%，1年1期の複利で6年間預けると，複利終価はいくらになるか。（円未満4捨5入）

答

(10) いまから9年後に受け取る債権¥780,000の複利現価はいくらか。ただし，年利率3.5%，1年1期の複利とする。（¥100未満切り捨て）

答

(11) 元金¥870,000を年利率4.5%，1年1期の複利で7年間預けると，複利利息はいくらになるか。（円未満4捨5入）

答

## ⑥減価償却費の計算

### [定額法]

　減価償却とは，固定資産を使用したり，時が経過したりすることで，減少する価値があり，それを計算し，毎期の費用として割りあて，資産の価値を計算することをいう。

　用語　取得価額……固定資産の購入価額

　　　　耐用年数……固定資産が使用に耐える見積もり年数

　　　　残存簿価……耐用年数を経過したときの実質的な価値を￥/とする

　　　　期首帳簿価額……会計期間のはじめの時点の価値

　　　　償却限度額……/回分の償却額

　　　　減価償却累計額……会計期間の終わりの償却額の合計

　ビジネス計算（税法）では，減価償却資産の償却率を用いて計算する。

　公式　償却限度額＝取得価額×定額法の償却率

　　　　第○期末減価償却累計額＝償却限度額×○期

　　　　第○期首帳簿価額＝取得価額－1期前の減価償却累計額

### [毎期償却額の計算]

---

**例題1**　取得価額￥4,000,000　耐用年数/4年の固定資産を定額法で減価償却すれば，償却限度額はいくらになるか。ただし，決算は年/回，残存簿価￥/とする。

---

　解式　　定額法の償却率　耐用年数/4年　0.072　（減価償却資産償却率表より）

　　　　　￥4,000,000×0.072＝￥288,000

　キー操作　4000000×.072＝

答　　　￥288,000

### 基本問題1

(1)　取得価額￥5,400,000　耐用年数32年の固定資産を定額法で減価償却すれば，償却限度額はいくらになるか。ただし，決算は年/回，残存簿価￥/とする。

答　　　　　　　　　　　　

(2)　取得価額￥2,700,000　耐用年数/2年の固定資産を定額法により年/回の決算で償却すると，毎期の償却額はいくらになるか。ただし，残存簿価￥/とする。

答　　　　　　　　　　　　

(3)　取得価額￥8,600,000　耐用年数26年の固定資産を定額法により年/回の決算で償却すると，毎期の償却額はいくらになるか。ただし，残存簿価￥/とする。

答

> **例題2** 取得価額 ¥7,000,000 耐用年数8年の固定資産を定額法で償却するとき，次の減価償却計算表の第4期まで記入せよ。ただし，決算は年/回，残存簿価 ¥/ とする。

解式　　　定額法の償却率　耐用年数8年　0./25　（減価償却資産償却率表より）

¥7,000,000×0./25＝¥875,000　　　（毎期償却限度額）

¥7,000,000－¥875,000＝¥6,/25,000　　　（第2期首帳簿価額）

¥6,/25,000－¥875,000＝¥5,250,000　　　（第3期首帳簿価額）

¥5,250,000－¥875,000＝¥4,375,000　　　（第4期首帳簿価額）

¥875,000＋¥875,000＝¥/,750,000　　　（第2期末減価償却累計額）

¥/,750,000＋¥875,000＝¥2,625,000　　　（第3期末減価償却累計額）

¥2,625,000＋¥875,000＝¥3,500,000　　　（第4期末減価償却累計額）

キー操作　7000000 ☓ ・ /25 ＝ 875000 Ⓜ⁺

875000 ⊟ 7000000 ＝ 6/25000 ＝ 5250000 ＝ 4375000

〔S型機種は 7000000 ⊟ ⎰⎱ ＝ 6/25000 ＝ 5250000 ＝ 4375000〕

Ⓜ⁺ ＋ ＋ ＝ /750000 ＝ 2625000 ＝ 3500000

〔S型機種は Ⓡ⁺ ＋ Ⓡ⁺ ＝ /750000 ＝ 2625000 ＝ 3500000〕

### 減 価 償 却 計 算 表

| 期数 | 期 首 帳 簿 価 額 | 償 却 限 度 額 | 減 価 償 却 累 計 額 |
|---|---|---|---|
| / | 7,000,000 | 875,000 | 875,000 |
| 2 | 6,/25,000 | 875,000 | /,750,000 |
| 3 | 5,250,000 | 875,000 | 2,625,000 |
| 4 | 4,375,000 | 875,000 | 3,500,000 |

## 基本問題2

(1) 取得価額 ¥6,200,000 耐用年数22年の固定資産を定額法で償却するとき，次の減価償却計算表の第4期まで記入せよ。ただし，決算は年/回，残存簿価 ¥/ とする。

| 期数 | 期 首 帳 簿 価 額 | 償 却 限 度 額 | 減 価 償 却 累 計 額 |
|---|---|---|---|
| / | | | |
| 2 | | | |
| 3 | | | |
| 4 | | | |
| | | | |

(2) 取得価額𝒴2,500,000 耐用年数16年の固定資産を定額法で償却するとき，次の減価償却計算表の第4期まで記入せよ。ただし，決算は年1回，残存簿価𝒴1とする。

| 期数 | 期 首 帳 簿 価 額 | 償 却 限 度 額 | 減 価 償 却 累 計 額 |
|---|---|---|---|
| 1 | | | |
| 2 | | | |
| 3 | | | |
| 4 | | | |

(3) 取得価額𝒴4,600,000 耐用年数30年の固定資産を定額法で償却するとき，次の減価償却計算表の第4期まで記入せよ。ただし，決算は年1回，残存簿価𝒴1とする。

| 期数 | 期 首 帳 簿 価 額 | 償 却 限 度 額 | 減 価 償 却 累 計 額 |
|---|---|---|---|
| 1 | | | |
| 2 | | | |
| 3 | | | |
| 4 | | | |

(4) 取得価額𝒴5,920,000 耐用年数24年の固定資産を定額法で償却するとき，次の減価償却計算表の第4期まで記入せよ。ただし，決算は年1回，残存簿価𝒴1とする。

| 期数 | 期 首 帳 簿 価 額 | 償 却 限 度 額 | 減 価 償 却 累 計 額 |
|---|---|---|---|
| 1 | | | |
| 2 | | | |
| 3 | | | |
| 4 | | | |

## [期末減価償却累計額の計算]

> **例題3** 取得価額 ¥2,000,000 耐用年数/8年の固定資産を定額法で償却すれば、第/5期末減価償却累計額はいくらか。ただし、決算は年/回、残存簿価¥/とする。

解式　　定額法の償却率　耐用年数/8年　0.056　（減価償却資産償却率表より）

$$¥2,000,000 × 0.056 = ¥//2,000$$

$$¥//2,000 × /5 = ¥/,680,000$$

キー操作　2000000 ⊠ □056 🟰 //2000

　　　　　//2000 ⊠ /5 🟰

答　　¥/,680,000

## 基本問題3

(1) 取得価額 ¥9,300,000 耐用年数/4年の固定資産を定額法で償却するとき、第9期末減価償却累計額はいくらになるか。ただし、決算は年/回、残存簿価¥/とする。

答

(2) 取得価額 ¥5,600,000 耐用年数23年の固定資産を定額法で年/回償却すると、第/8期末減価償却累計額はいくらになるか。ただし、残存簿価¥/とする。

答

(3) 取得価額 ¥3,800,000 耐用年数29年の固定資産を定額法で償却すると、第24期末減価償却累計額はいくらか。ただし、決算は年/回、残存簿価¥/とする。

答

(4) 取得価額 ¥8,560,000 耐用年数3/年の固定資産を定額法によって、年/回減価償却をすると第20期末減価償却累計額はいくらか。ただし、残存簿価¥/とする。

答

[期首帳簿価額の計算]

> **例題4** 取得価額*¥6,000,000* 耐用年数*20*年の固定資産を定額法で償却すると，第*13*期首帳簿価額はいくらか。ただし，決算は年*1*回，残存簿価*¥1*とする。

解式　　定額法の償却率　耐用年数*20*年　*0.050*　（減価償却資産償却率表より）

$¥6,000,000 × 0.050 = ¥300,000$

$¥300,000 × 12 = ¥3,600,000$

$¥6,000,000 − ¥3,600,000 = ¥2,400,000$

キー操作　*6000000* ✕ • *05* ＝ *300000*

*300000* ✕ *12* ＝ *3600000* Ｍ＋

*6000000* − ＭＲ ＝

答　　*¥2,400,000*

**基本問題4**

(1) 取得価額*¥2,900,000* 耐用年数*33*年の固定資産を定額法で年*1*回減価償却すると，第*29*期首帳簿価額はいくらか。ただし，残存簿価*¥1*とする。

答　＿＿＿＿＿＿＿＿

(2) 取得価額*¥8,200,000* 耐用年数*17*年の固定資産を定額法で償却すると，第*12*期首帳簿価額はいくらか。ただし，決算は年*1*回，残存簿価*¥1*とする。

答　＿＿＿＿＿＿＿＿

(3) 取得価額*¥7,400,000* 耐用年数*15*年の固定資産を定額法で償却すると，第*8*期首帳簿価額はいくらか。ただし，決算は年*1*回，残存簿価*¥1*とする。

答　＿＿＿＿＿＿＿＿

(4) 取得価額*¥4,350,000* 耐用年数*26*年の固定資産を定額法で償却すると，第*17*期首帳簿価額はいくらか。ただし，決算は年*1*回，残存簿価*¥1*とする。

答　＿＿＿＿＿＿＿＿

**練習問題**

(1) 取得価額￥7,240,000 耐用年数36年の固定資産を定額法で年/回減価償却するとき,第/6期末減価償却累計額はいくらになるか。ただし,残存簿価￥/とする。

答 _____

(2) 取得価額￥4,620,000 耐用年数/4年の固定資産を定額法で,年/回の決算で償却すると,第8期首帳簿価額はいくらか。ただし,残存簿価￥/とする。

答 _____

(3) 取得価額￥2,560,000 耐用年数/6年の固定資産を定額法で償却すると,第9期末減価償却累計額はいくらか。ただし,決算は年/回,残存簿価￥/とする。

答 _____

(4) 取得価額￥3,950,000 耐用年数23年の固定資産を定額法で年/回減価償却すると,第2/期首帳簿価額はいくらか。ただし,残存簿価￥/とする。

答 _____

(5) 取得価額￥8,/40,000 耐用年数/9年の固定資産を定額法で償却すると,第/8期首帳簿価額はいくらか。ただし,決算は年/回,残存簿価￥/とする。

答 _____

(6) 取得価額￥4,730,000 耐用年数28年の固定資産を定額法で償却するとき,次の減価償却計算表の第4期まで記入せよ。ただし,決算は年/回,残存簿価￥/とする。

| 期数 | 期 首 帳 簿 価 額 | 償 却 限 度 額 | 減 価 償 却 累 計 額 |
|---|---|---|---|
| / | | | |
| 2 | | | |
| 3 | | | |
| 4 | | | |

(7) 取得価額￥2,450,000 耐用年数/3年の固定資産を定額法で償却するとき,次の減価償却計算表の第4期まで記入せよ。ただし,決算は年/回,残存簿価￥/とする。

| 期数 | 期 首 帳 簿 価 額 | 償 却 限 度 額 | 減 価 償 却 累 計 額 |
|---|---|---|---|
| / | | | |
| 2 | | | |
| 3 | | | |
| 4 | | | |

## 2級練習問題（ビジネス計算）

(1) 12年後に支払う負債￥2,980,000を年利率4.5%，1年1期の複利で割り引いて，いま支払うとすれば，その金額はいくらか。（￥100未満切り上げ）

答 _____

(2) 元金￥7,030,000を年利率2.8%で2年3か月間貸し付けると，期日に受け取る元利合計はいくらか。

答 _____

(3) 1台￥5,900の商品を72台仕入れ，諸掛り￥13,700を支払った。この商品に諸掛込原価の36%の利益を見込んで販売すると，実売価の総額はいくらになるか。

答 _____

(4) 11月29日満期，額面￥390,000の手形を9月20日に割引率年4.5%で割り引くと，割引料はいくらか。（両端入れ，割引料の円未満切り捨て）

答 _____

(5) 元金￥2,940,000を年利率0.002%で8月10日から11月24日まで貸し付けると，受取利息はいくらか。（片落とし，円未満4捨5入）

答 _____

(6) 10mにつき￥7,320で仕入れ，諸掛り￥24,800を支払ったところ，諸掛込原価が￥2,660,000になった。仕入れたのは何メートルか。

答 _____

(7) ￥520,000で仕入れた商品に18.5%の利益を見込んで予定売価をつけたのち，1割引で販売した。利益額はいくらか。

答 _____

(8) 3月24日満期，額面￥410,000の手形を1月9日に割引率年2.25%で割り引くと，手取金はいくらか。（平年，両端入れ，割引料の円未満切り捨て）

答 _____

(9) 85.4英トンは何キログラムか。ただし，1英トン＝1,016.64kgとする。（キログラム未満4捨5入）

答 _____

(10) 予定売価￥524,000の商品を￥377,280で販売した。値引額は予定売価の何割何分引きか。

答 _____

(11) 取得価額￥9,820,000　耐用年数32年の固定資産を定額法で減価償却するとき，第17期末減価償却累計額はいくらになるか。ただし，決算は年1回，残存簿価￥1とする。

答 _____

⑿　/lbにつき$\yen3,200$の商品を/0kg建てにするといくらになるか。ただし，/lb＝$0.4536$kgとする。（計算の最終で円未満4捨5入）

答　_____

⒀　ある商品を$\yen676,200$で販売したところ8％の損失が出た。原価はいくらか。

答　_____

⒁　$\yen/,7/0,000$を年利率7％，半年/期の複利で6年6か月貸し付けると，複利終価はいくらか。（円未満4捨5入）

答　_____

⒂　原価の3割4分の利益を見込んで予定売価をつけ，予定売価の2割8分引きで販売したところ，値引額が$\yen/20,064$であった。原価はいくらか。

答　_____

⒃　仲立人が，売り主から2.4％，買い主から2.5％の手数料を受け取る約束で$\yen3,460,000$の商品の売買を仲介した。仲立人の得た手数料の合計額はいくらか。

答　_____

⒄　20ydにつき$/8.20$の商品を680yd仕入れた。仕入代金は何円か。ただし，$/＝\yen98.55$とする。（計算の最終で円未満4捨5入）

答　_____

⒅　元金$\yen720,000$を/年4か月間貸し付け，$\yen24,960$の利息を受け取った。利率は年何パーセントか。パーセントの小数第/位まで求めよ。

答　_____

⒆　額面$\yen570,000$の約束手形を，割引率年5.5％で割り引くと，手取金はいくらか。ただし，割引日数は93日とする。（割引料の円未満切り捨て）

答　_____

⒇　取得価額$\yen2,970,000$　耐用年数22年の固定資産を定額法で減価償却するとき，次の減価償却計算表の第4期末まで記入しなさい。ただし，決算は年/回，残存簿価$\yen/$とする。

| 期数 | 期首帳簿価額 | 償却限度額 | 減価償却累計額 |
|------|------------|-----------|--------------|
| / | | | |
| 2 | | | |
| 3 | | | |
| 4 | | | |

116

## （A）乗算問題

（注意）円未満4捨5入、構成比率はパーセントの小数第2位未満4捨5入

| | | |
|---|---|---|
| 1 | ¥ | 271 × 542.353 = |
| 2 | ¥ | 97,039 × 0.2625 = |
| 3 | ¥ | 4,521 × 6.953 = |
| 4 | ¥ | 860 × 80.02 = |
| 5 | ¥ | 67,658 × 460 = |

（注意）セント未満4捨5入、構成比率はパーセントの小数第2位未満4捨5入

| | | |
|---|---|---|
| 6 | $ | 81.25 × 9.536 = |
| 7 | $ | 187.02 × 6.971 = |
| 8 | $ | 63.42 × 3.48 = |
| 9 | $ | 738.70 × 0.7984 = |
| 10 | $ | 54.13 × 719 = |

| 答えの小計・合計 | 合計Aに対する構成比率 |
|---|---|
| (1) | (1) |
| (2) | (2) |
| (3) | (3) ⎫ (1)～(3) |
| 小計(1)～(3) | |
| (4) | (4) |
| (5) | (5) ⎫ (4)～(5) |
| 小計(4)～(5) | |
| 合計A(1)～(5) | |

| 答えの小計・合計 | 合計Bに対する構成比率 |
|---|---|
| (6) | (6) |
| (7) | (7) |
| (8) | (8) ⎫ (6)～(8) |
| 小計(6)～(8) | |
| (9) | (9) |
| (10) | (10) ⎫ (9)～(10) |
| 小計(9)～(10) | |
| 合計B(6)～(10) | |

## (B) 除 算 問 題

(注意) セント未満４捨５入、構成比率はパーセントの小数第２位未満４捨５入

| | | |
|---|---|---|
| 1 | € 6,118.64 ÷ 748 = | |
| 2 | € 437,318.82 ÷ 8,094 = | |
| 3 | € 92.80 ÷ 0.0331 = | |
| 4 | € 221.25 ÷ 641.3 = | |
| 5 | € 17,504.40 ÷ 29 = | |

| 答えの小計・合計 | | 合計Cに対する構成比率 | |
|---|---|---|---|
| 小計(1)～(3) | (1) | | (1)～(3) |
| | (2) | | |
| | (3) | | |
| 小計(4)～(5) | (4) | | (4)～(5) |
| | (5) | | |
| 合計C(1)～(5) | | | |

(注意) 円未満４捨５入、構成比率はパーセントの小数第２位未満４捨５入

| | | |
|---|---|---|
| 6 | ¥ 5,505,500 ÷ 1,750 = | |
| 7 | ¥ 732 ÷ 0.46 = | |
| 8 | ¥ 48,900 ÷ 51.367 = | |
| 9 | ¥ 1,304,814 ÷ 282 = | |
| 10 | ¥ 27,051 ÷ 95.25 = | |

| 答えの小計・合計 | | 合計Dに対する構成比率 | |
|---|---|---|---|
| 小計(6)～(8) | (6) | | (6)～(8) |
| | (7) | | |
| | (8) | | |
| 小計(9)～(10) | (9) | | (9)～(10) |
| | (10) | | |
| 合計D(6)～(10) | | | |

(注意) 構成比率はパーセントの小数第2位未満4捨5入　　(C)　見 取 算 問 題

| No. | 1 | 2 | 3 | 4 | 5 |
|---|---|---|---|---|---|
| | € | € | € | € | € |
| 1 | 942.51 | 62.58 | 92.78 | 41,293.05 | 23.46 |
| 2 | 283.92 | 1,105.64 | 287.04 | 296,758.42 | 8,405.82 |
| 3 | 312.05 | 589,328.96 | 960.10 | 150,780.13 | 712.93 |
| 4 | 687.69 | -146.74 | 75.27 | 40.61 | 578.69 |
| 5 | 720.04 | 7,089.41 | 81.66 | 675,158.69 | -4,985.37 |
| 6 | 563.90 | -75,504.30 | 586.71 | 8,443.68 | 91.63 |
| 7 | 712.88 | 31.87 | 75.58 | 607.32 | 2,860.37 |
| 8 | 856.97 | 263,092.53 | 850.10 | 321,587.90 | -512.94 |
| 9 | 376.03 | 82,767.89 | 179.38 | 457,893.49 | -476.09 |
| 10 | 474.71 | 961.40 | 53.23 | 702,534.96 | 6,230.64 |
| 11 | 125.16 | -32.92 | 64.56 | | 71.20 |
| 12 | 389.58 | -4,170.35 | 431.32 | | -1,428.97 |
| 13 | 713.46 | | 24.09 | | 804.58 |
| 14 | 485.01 | | 140.36 | | -50.13 |
| 15 | 919.34 | | 329.45 | | 95.61 |
| 16 | 540.62 | | 60.89 | | 317.05 |
| 17 | | | 42.93 | | |
| 18 | | | 518.07 | | |
| 19 | | | 63.94 | | |
| 20 | | | 974.12 | | |
| 計 | | | | | |

| 答えの | 小計(1)～(3) | | 小計(4)～(5) |
|---|---|---|---|
| 小計 | 合計E(1)～(5) | | |
| 合計 | | | |

| 合計Eに | (1) | (2) | (3) | (4) | (5) |
|---|---|---|---|---|---|
| 対する | (1)～(3) | | | (4)～(5) | |
| 構成比率 | | | | | |

(注意) 構成比率はパーセントの小数第 2 位未満 4 捨 5 入

| No. | 6 | 7 | 8 | 9 | 10 |
|---|---|---|---|---|---|
| 1 | 362,754 | 46,539 | 7,923,641 | 53,096,427 | 6,578,320 |
| 2 | 874,236 | 34,721,068 | 21,769,450 | 41,278,153 | 95,643 |
| 3 | 538,872 | -96,285 | 5,832 | 28,509,547 | 180,357 |
| 4 | 134,495 | 80,976,531 | 623,180 | -82,406,812 | 29,528,406 |
| 5 | 408,731 | 2,777 | 1,807,506 | 68,198,504 | 3,675 |
| 6 | 961,852 | -7,418,594 | 526,704 | -49,571,368 | 62,139 |
| 7 | 502,046 | -572,601 | 4,823 | 17,693,030 | 897,045 |
| 8 | 926,898 | -15,284,392 | 80,916,475 | 20,856,793 | 46,381 |
| 9 | 718,960 | 52,806 | 85,793 | -97,231,465 | 129,467 |
| 10 | 107,529 | 497,310 | 329,168 | 63,497,021 | 287,001 |
| 11 | 220,937 | 6,893,043 | 43,097 | | 3,960 |
| 12 | 694,005 | | 216,455 | | 71,981,234 |
| 13 | 163,514 | | 3,587,091 | | 501,498 |
| 14 | 450,367 | | 936,774 | | 4,752 |
| 15 | 918,713 | | 20,849 | | |
| 計 | | | | | |

| 答えの 小計 合計 | 小計(6)～(8) | 小計(9)～(10) |
|---|---|---|
| | 合計 F (6)～(10) | |

| | (6) | (7) | (8) | (9) | (10) |
|---|---|---|---|---|---|
| 合計Fに対する構成比率 | (6)～(8) | | | (9)～(10) | |

120

# ビジネス計算

(1) ¥5,200,000を年利率1.7%で5月13日から10月6日まで借り入れると，期日に支払う利息はいくらか。（片落とし）

答 _____

(2) 取得価額¥6,470,000　耐用年数18年の固定資産を定額法で減価償却するとき，第7期首帳簿価額はいくらになるか。ただし，決算は年1回，残存簿価¥1とする。

答 _____

(3) ¥3,850,000を年利率4%，1年1期の複利で11年貸し付けると，複利終価はいくらか。（円未満4捨5入）

答 _____

(4) 原価¥576,000の商品に32%の利益をみて予定売価をつけた。予定売価はいくらか。

答 _____

(5) 仲立人が売り主・買い主双方から2.1%ずつの手数料を受け取る約束で¥7,920,000の商品の売買を仲介した。買い主の支払総額はいくらか。

答 _____

(6) 1lbにつき¥3,600の商品を10kg建てにするといくらになるか。ただし，1lb＝0.4536kgとする。（計算の最終で円未満4捨5入）

答 _____

(7) 5年6か月後に支払う負債¥2,160,000を年利率5%，半年1期の複利で割り引いて，いま支払うとすれば，その金額はいくらか。（¥100未満切り上げ）

答 _____

(8) 7月26日満期，額面¥740,000の手形を5月30日に割引率年4.75%で割り引くと，手取金はいくらか。（両端入れ，割引料の円未満切り捨て）

答 _____

(9) ¥2,600,000を年利率3.5%で1年4か月間貸し付けた。期日に受け取る利息はいくらか。（円未満切り捨て）

答 _____

(10) 予定売価¥437,000の商品を¥375,820で販売した。値引額は予定売価の何パーセントか。

答 _____

(11) ¥910,000を年利率3.6%で貸し付け，期日に¥51,870の利息を受け取った。貸付期間は何年何か月か。

答 _____

(12) 取得価額¥3,220,000　耐用年数35年の固定資産を定額法で減価償却するとき，第16期末償却累計額はいくらになるか。ただし，決算は年1回，残存簿価¥1とする。

答 _____

(13) 原価¥92,000の商品に¥13,000の利益を見込んで予定売価をつけたのち，16%値引きして売った。損失額はいくらか。

答 _____

(14) 1ydにつき$5.80の商品を170yd仕入れた。仕入代金は円でいくらか。ただし，$1=¥108とする。（計算の最終で円未満4捨5入）

答 _____

(15) 1個につき¥340の商品を500個仕入れ，諸掛り¥11,000を支払った。この商品に諸掛込原価の21%の利益を見込んで販売すると，利益額はいくらか。

答 _____

(16) ある商店を¥593,560で販売した。原価が¥418,000のとき，利益額は原価の何パーセントか。

答 _____

(17) 29米トンは何キログラムか。ただし，1米トン=907.18kgとする。（キログラム未満4捨5入）

答 _____

(18) 原価¥640,000の商品に¥135,000の利益をみて予定売価をつけ，予定売価の8分引きで販売した。実売価はいくらか。

答 _____

(19) 9月1日満期，額面480,000の手形を7月7日に割引率年6.5%で割り引くと，割引料はいくらか。（両端入れ，円未満切り捨て）

答 _____

(20) 取得価額¥4,180,000　耐用年数27年の固定資産を定額法で減価償却するとき，次の減価償却計算表の第4期末まで記入しなさい。ただし，決算は年1回，残存簿価¥1とする。

| 期数 | 期首帳簿価額 | 償却限度額 | 減価償却累計額 |
|---|---|---|---|
| 1 | | | |
| 2 | | | |
| 3 | | | |
| 4 | | | |

## （A）乗算問題

（注意）セント未満4捨5入、構成比率はパーセントの小数第2位未満4捨5入

| | | 答えの小計・合計 | 合計Aに対する構成比率 | |
|---|---|---|---|---|
| 1 | $ 56.40 × 438 = | (1) | | (1)～(3) |
| 2 | $ 3.25 × 3,120.84 = | (2) | | |
| 3 | $ 3,895.90 × 0.0409 = | (3) | | |
| 4 | $ 4.87 × 962.7 = | (4) | 小計(4)～(5) | (4)～(5) |
| 5 | $ 71.29 × 5,790 = | (5) | | |
| | | 小計(1)～(3) | | |
| | | 合計A(1)～(5) | | |

（注意）円未満4捨5入、構成比率はパーセントの小数第2位未満4捨5入

| | | 答えの小計・合計 | 合計Bに対する構成比率 | |
|---|---|---|---|---|
| 6 | ¥ 5,406 × 634 = | (6) | | (6)～(8) |
| 7 | ¥ 63,158 × 0.1756 = | (7) | | |
| 8 | ¥ 721 × 23,089 = | (8) | | |
| 9 | ¥ 2,347 × 8.061 = | (9) | 小計(9)～(10) | (9)～(10) |
| 10 | ¥ 906,182 × 157 = | (10) | | |
| | | 小計(6)～(8) | | |
| | | 合計B(6)～(10) | | |

(注意) 円未満4捨5入、構成比率はパーセントの小数第2位未満4捨5入

| | |
|---|---|
| 1 | ¥ 253,098 ÷ 387 = |
| 2 | ¥ 8,040,330 ÷ 9,210 = |
| 3 | ¥ 4,156 ÷ 5.74 = |
| 4 | ¥ 2,389 ÷ 40.152 = |
| 5 | ¥ 30,188,125 ÷ 6,875 = |

| 答えの小計・合計 | 合計Cに対する構成比率 |
|---|---|
| 小計(1)～(3) | (1)～(3) |
| (1) | |
| (2) | |
| (3) | |
| 小計(4)～(5) | (4)～(5) |
| (4) | |
| (5) | |
| 合計C(1)～(5) | |

(注意) セント未満4捨5入、構成比率はパーセントの小数第2位未満4捨5入

| | |
|---|---|
| 6 | € 1.06 ÷ 0.098 = |
| 7 | € 1,940.76 ÷ 239.6 = |
| 8 | € 310.93 ÷ 6.12 = |
| 9 | € 4,711.14 ÷ 5.04 = |
| 10 | € 466.20 ÷ 370 = |

| 答えの小計・合計 | 合計Dに対する構成比率 |
|---|---|
| 小計(6)～(8) | (6)～(8) |
| (6) | |
| (7) | |
| (8) | |
| 小計(9)～(10) | (9)～(10) |
| (9) | |
| (10) | |
| 合計D(6)～(10) | |

（注意）　構成比率はパーセントの小数第２位未満４捨５入　　　（C）　見　取　算　問　題

| No. | 1 | 2 | 3 | 4 | 5 |
|---|---|---|---|---|---|
| | ¥ | ¥ | ¥ | ¥ | ¥ |
| 1 | 94,256 | 6,703 | 37,502 | 1,037,524 | 73,548 |
| 2 | 6,207,309 | 3,289 | 752,146 | 3,490 | 92,053 |
| 3 | 986,165 | 4,176 | 60,481 | 85,269,173 | 51,729 |
| 4 | 7,003 | 5,042 | 485,730 | 8,261 | 24,961 |
| 5 | 14,012,396 | 6,790 | 92,318 | -71,035 | 87,015 |
| 6 | 57,385,641 | 8,047 | 164,893 | 954,826 | 36,286 |
| 7 | 1,289 | 4,265 | 95,026 | -6,802,587 | 41,790 |
| 8 | 285,734 | -7,539 | 13,974 | 71,642 | 10,327 |
| 9 | 3,741,650 | -3,974 | 72,618 | 5,409 | 65,854 |
| 10 | 87,192 | 5,812 | 509,356 | 27,396 | 39,406 |
| 11 | 542,938 | 4,921 | 84,790 | 8,134,650 | 47,682 |
| 12 | 8,407 | 7,615 | 296,835 | -30,465,718 | 73,019 |
| 13 | | 2,093 | 40,271 | -980,471 | 28,156 |
| 14 | | -1,589 | | 2,953 | 30,728 |
| 15 | | 4,381 | | | 54,903 |
| 16 | | -8,576 | | | 81,645 |
| 17 | | -9,831 | | | 29,471 |
| 18 | | 6,208 | | | 63,890 |
| 19 | | 1,024 | | | |
| 20 | | -5,360 | | | |
| 計 | | | | | |

| | | |
|---|---|---|
| 答えの小計合計 | 小計(1)～(3) | 小計(4)～(5) |
| | 合計E(1)～(5) | |
| 合計Eに対する構成比率 | (1) | (2) | (3) | (4) | (5) |
| | (1)～(3) | | | (4)～(5) | |

(注意) 構成比率はパーセントの小数第 2 位未満 4 捨 5 入

| No. | 6 | 7 | 8 | 9 | 10 |
|---|---|---|---|---|---|
| 1 | $ 625,084.17 | $ 2,958.71 | $ 87,291.05 | $ 582.49 | $ 6,925.70 |
| 2 | 139,625.43 | 402.68 | 439.27 | 6,207.13 | 1,674.83 |
| 3 | 708,490.96 | 63,185.97 | 2,608.34 | 38,146.50 | 4,819.05 |
| 4 | 849,351.72 | -8,504.13 | 304,752.91 | 957,093.61 | 7,253.14 |
| 5 | 351,097.64 | 39.72 | 5,187.49 | 82,954.07 | -2,486.59 |
| 6 | 927,139.05 | 520,718.64 | 16,390.52 | 16.94 | -9,304.27 |
| 7 | 879,206.38 | -9,643.80 | 48.30 | 40,735.28 | 5,127.64 |
| 8 | 264,871.52 | 70.21 | 751.68 | 86,417.95 | 6,058.31 |
| 9 | 483,157.60 | 698.43 | 8,026.45 | 7,289.31 | 5,192.05 |
| 10 | 510,638.24 | -43,027.59 | 61,953.87 | 405,132.86 | 8,310.26 |
| 11 | | -195,740.62 | 84.16 | 670.92 | -2,547.93 |
| 12 | | 61.35 | 7,230.60 | 57.13 | -3,601.87 |
| 13 | | | 493,165.29 | 4,203.68 | -1,983.04 |
| 14 | | | 93.78 | | 4,269.78 |
| 15 | | | 10,725.46 | | 7,038.69 |
| 計 | | | | | |

| 答えの小計合計 | 小計(6)~(8) | 小計(9)~(10) |
|---|---|---|
| | 合計F (6)~(10) | |

| 合計Fに対する構成比率 | (6) | (7) | (8) | (9) | (10) |
|---|---|---|---|---|---|
| | (6)~(8) | | | (9)~(10) | |

126

## ビジネス計算

(1) 6,380米ガロンは何リットルか。ただし，/米ガロン＝3.785Lとする。
（リットル未満4捨5入）

答＿＿＿＿＿＿＿＿＿＿

(2) ¥4,920,000を年利率6.5%，/年/期の複利で9年間借りると，複利利息
はいくらになるか。（円未満4捨5入）

答＿＿＿＿＿＿＿＿＿＿

(3) ある商品を40個につき¥2,680で仕入れ，代価として¥257,280を支
払った。仕入数量は何個か。

答＿＿＿＿＿＿＿＿＿＿

(4) 取得価額¥2,730,000　耐用年数/9年の固定資産を定額法で減価償却す
るとき，第/0期首帳簿価額はいくらになるか。ただし，決算は年/回，残存簿
価¥/とする。

答＿＿＿＿＿＿＿＿＿＿

(5) ¥680,000の商品に35%の利益をみて予定売価をつけ，予定売価から
¥/46,880値引きして販売した。値引額は予定売価の何パーセントであった
か。

答＿＿＿＿＿＿＿＿＿＿

(6) 原価に28%の利益を見込んで¥/60,000の予定売価をつけ，¥/5,000
値引きして販売した。利益額は原価の何パーセントか。

答＿＿＿＿＿＿＿＿＿＿

(7) /ydにつき€5.80の商品を920yd仕入れた。仕入代金は円でいくらか。
ただし，€/＝¥/32とする。（計算の最終で円未満4捨5入）

答＿＿＿＿＿＿＿＿＿＿

(8) 9月/3日満期，額面¥890,000の手形を7月7日に割引率年4.5%で割り
引くと，手取金はいくらか。（両端入れ，割引料の円未満切り捨て）

答＿＿＿＿＿＿＿＿＿＿

(9) 3年6か月後に支払う負債¥/,560,000を年利率5%，半年/期の複利で割
り引いて，いま支払うとすれば，その金額はいくらか。（¥100未満切り上げ）

答＿＿＿＿＿＿＿＿＿＿

(10) 予定売価¥274,000の商品を25%引きで販売したところ，¥/3,500の
利益を得た。原価はいくらか。

答＿＿＿＿＿＿＿＿＿＿

(11) 額面 ¥270,000 の手形を，割引率年 3.75% で割り引くと，割引料はいくらか。ただし，割引日数は 62 日とする。（円未満切り捨て）

答＿＿＿＿＿＿＿＿＿

(12) 原価 ¥816,000 の商品に原価の 27% の利益をみて予定売価をつけた。予定売価はいくらか。

答＿＿＿＿＿＿＿＿＿

(13) ¥7,400,000 を年利率 2.6% で 2 月 15 日から 4 月 30 日まで借りると，元利合計はいくらか。（平年，片落とし，円未満切り捨て）

答＿＿＿＿＿＿＿＿＿

(14) 原価 ¥370,000 の商品に ¥105,000 の利益を見込んで予定売価をつけ，1 割 3 分引きで販売した。実売価はいくらか。

答＿＿＿＿＿＿＿＿＿

(15) ¥8,340,000 を年利率 6%，半年 1 期の複利で 7 年 6 か月貸し付けると，複利終価はいくらか。（円未満 4 捨 5 入）

答＿＿＿＿＿＿＿＿＿

(16) 1m につき ¥800 の商品を 530m 仕入れ，諸掛り ¥36,000 を支払った。この商品に諸掛込原価の 31% の利益を見込んで販売すると，実売価の総額はいくらか。

答＿＿＿＿＿＿＿＿＿

(17) 年利率 2.2% で 6 月 3 日から 8 月 25 日まで借り入れ，¥1,144 の利息を支払った。借り入れた元金はいくらか。（片落とし）

答＿＿＿＿＿＿＿＿＿

(18) 仲立人が，売り主・買い主の双方から 2.8% ずつの手数料を受け取る約束で ¥2,650,000 の商品の売買を仲介した。売り主の手取金はいくらか。

答＿＿＿＿＿＿＿＿＿

(19) ある商品を ¥625,400 で販売すると，原価の 18% の利益がある。この商品の原価はいくらか。

答＿＿＿＿＿＿＿＿＿

(20) 取得価額 ¥5,120,000 耐用年数 17 年の固定資産を定額法で減価償却するとき，次の減価償却計算表の第 4 期末まで記入しなさい。ただし，決算は年 1 回，残存簿価 ¥1 とする。

| 期数 | 期 首 帳 簿 価 額 | 償 却 限 度 額 | 減 価 償 却 累 計 額 |
|---|---|---|---|
| 1 | | | |
| 2 | | | |
| 3 | | | |
| 4 | | | |

# 全商ビジネス計算実務検定演習2・3級　別冊解答

実教出版

## 入門編

### 第2章　珠算による計算／タッチメソッドの練習

#### ①加減算

**基本問題1 (p.9)**

1 89　2 88　3 99　4 89　5 89
6 13　7 10　8 99　9 3　10 96
11 5　12 65　13 3　14 50　15 97
16 11　17 99　18 52　19 99　20 25

**基本問題2 (p.9~10)**

1 218　2 213　3 182　4 140　5 210
6 28　7 34　8 57　9 78　10 86
11 195　12 37　13 39　14 69　15 89
16 230　17 24　18 88　19 64　20 87
21 225　22 161　23 68　24 177　25 261
26 122　27 261　28 231　29 64　30 211

**基本問題3 (p.10~11)**

1 79　2 88　3 78　4 87　5 79
6 48　7 99　8 42　9 14　10 43
11 34　12 41　13 32　14 31　15 33
16 69　17 14　18 33　19 33　20 32
21 44　22 33　23 43　24 32　25 32
26 56　27 43　28 31　29 97　30 43

**基本問題4 (p.11)**

1 340　2 335　3 358　4 344　5 367
6 55　7 69　8 65　9 55　10 67
11 276　12 256　13 333　14 244　15 255
16 153　17 241　18 32　19 57　20 44
21 155　22 165　23 156　24 155　25 166
26 155　27 143　28 222　29 234　30 155

**基本問題5 (p.12)**

1 309　2 227　3 333　4 288
5 327　6 72　7 123　8 96
9 77　10 44　11 347　12 296
13 397　14 426　15 379　16 33
17 94　18 29　19 36　20 125
21 428　22 494　23 436　24 1,218
25 2,327　26 27　27 66　28 1,174
29 1,291　30 1,232

**基本問題6 (p.13)**

1 93　2 96　3 98　4 99
5 93　6 83　7 86　8 88
9 89　10 83　11 203　12 277
13 301　14 251　15 302　16 106
17 142　18 97　19 996　20 997
21 371　22 373　23 986　24 494
25 797　26 952　27 897　28 958
29 899　30 897　31 1,757　32 1,676
33 1,550　34 497　35 499　36 1,101
37 986　38 994　39 997　40 998

**練習問題1 (p.14)**

1 750　2 981　3 798　4 1,306
5 331　6 760　7 1,159　8 602
9 1,068　10 1,501　11 2,398　12 1,492
13 1,305　14 1,327　15 1,218　16 1,601
17 2,083　18 1,900　19 1,284　20 949
21 2,247　22 1,654　23 1,321　24 855
25 3,162　26 1,919　27 2,541　28 2,372
29 1,161　30 2,196

**練習問題2 (p.15)**

1 1,283　2 687　3 1,554
4 1,196　5 2,380　6 528
7 14,782　8 2,366　9 3,456
10 841　11 48,401　12 3,015
13 91,414　14 72,200　15 58,558
16 192,340　17 203,552　18 580,901
19 158,658　20 1,390,271　21 1,519,130

#### ②乗算

**基本問題1 (p.16)**

1 48　3 86　5 68　7 936　9 408
2 96　4 84　6 468　8 682　10 693

**基本問題2 (p.16)**

1 189　6 152　11 4,396　16 1,018
2 744　7 256　12 5,604　17 1,380
3 144　8 160　13 2,235　18 1,530
4 477　9 203　14 6,816　19 3,120
5 340　10 240　15 2,335　20 3,645

## 基本問題3 (p.16)

| | | | | | | | |
|---|---|---|---|---|---|---|---|
| 1 | 564 | 6 | /06 | 11 | 920 | 16 | 3,540 |
| 2 | 84 | 7 | /95 | 12 | 3,294 | 17 | /,828 |
| 3 | 595 | 8 | 603 | 13 | /,278 | 18 | 59/ |
| 4 | 84 | 9 | /68 | 14 | 4,564 | 19 | 3,429 |
| 5 | 608 | 10 | /90 | 15 | 3,720 | 20 | 5,238 |

## 基本問題4 (p.17)

| | | | |
|---|---|---|---|
| 1 | 2/,904 | 6 | 660,744 |
| 2 | 25,578 | 7 | 39,306 |
| 3 | /8,95/ | 8 | 380,232 |
| 4 | 45,7/0 | 9 | /47,660 |
| 5 | /6,428 | 10 | 255,738 |

## 基本問題5 (p.17)　基本問題6 (p.17)

| 基本問題5 | | 基本問題6 | | | |
|---|---|---|---|---|---|
| 1 | 74 | 1 | 294 | 11 | 4,/04 |
| 2 | //6 | 2 | 736 | 12 | 3,936 |
| 3 | 84 | 3 | 276 | 13 | 4,85/ |
| 4 | 72 | 4 | 4,482 | 14 | 60,465 |
| 5 | 45 | 5 | 4,872 | 15 | 34,868 |
| 6 | /08 | 6 | 2,795 | 16 | 73,950 |
| 7 | 288 | 7 | /,924 | 17 | 49,686 |
| 8 | /26 | 8 | 2,982 | 18 | 43,/42 |
| 9 | 364 | 9 | /,292 | 19 | 8,873 |
| 10 | 246 | 10 | 2,850 | 20 | 6,976 |

## 基本問題7 (p.17)

| | | | |
|---|---|---|---|
| 1 | 289,968 | 6 | /64,268 |
| 2 | 297,999 | 7 | 43/,/55 |
| 3 | 3/6,056 | 8 | 433,872 |
| 4 | 73,324 | 9 | 362,236 |
| 5 | 203,699 | 10 | 4/6,385 |

## 基本問題8 (p.18)

| | | | |
|---|---|---|---|
| 1 | 848 | 6 | 2,829 |
| 2 | 648 | 7 | 9,982 |
| 3 | 639 | 8 | 2,556 |
| 4 | 864 | 9 | 4,//4 |
| 5 | 4,887 | 10 | 4/,328 |

## 基本問題9 (p.18)

| | | | |
|---|---|---|---|
| 1 | 5/,776 | 6 | 2/,084 |
| 2 | /5,402 | 7 | 48,240 |
| 3 | 29,260 | 8 | 2/,306 |
| 4 | /9,7/2 | 9 | /4,626 |
| 5 | 4,/73 | 10 | /3,026 |

## 基本問題10 (p.18)

| | | | |
|---|---|---|---|
| 1 | /6,848 | 6 | 40,896 |
| 2 | /3,668 | 7 | 40,362 |
| 3 | 4,000 | 8 | 9,900 |
| 4 | 6,000 | 9 | /4,336 |
| 5 | /0,700 | 10 | 9,300 |

## 基本問題11 (p.18)

| | | | |
|---|---|---|---|
| 1 | 5/,948 | 11 | ¥23,322 |
| 2 | 70,522 | 12 | ¥54,080 |
| 3 | 5,700 | 13 | ¥6,808 |
| 4 | /4,826 | 14 | ¥39,560 |
| 5 | /8,755 | 15 | ¥39,382 |
| 6 | /5,580 | 16 | ¥/9,296 |
| 7 | 25,368 | 17 | ¥/3,520 |
| 8 | 7,056 | 18 | ¥30,/68 |
| 9 | 35,526 | 19 | ¥//,648 |
| 10 | 38,/93 | 20 | ¥23,374 |

## 基本問題12 (p.19)

| | | | |
|---|---|---|---|
| 1 | 360,//2 | 6 | /02,492 |
| 2 | /4/,/50 | 7 | 423,228 |
| 3 | /5/,008 | 8 | 320,922 |
| 4 | 339,904 | 9 | /06,434 |
| 5 | /26,958 | 10 | 240,266 |

## 練習問題1 (p.19)

| | | | | | |
|---|---|---|---|---|---|
| 1 | 468,496 | 8 | 289,476 | 15 | ¥2/3,060 |
| 2 | 24/,980 | 9 | 200,540 | 16 | ¥208,560 |
| 3 | 6/,605 | 10 | 75,774 | 17 | ¥205,452 |
| 4 | 630,476 | 11 | ¥/64,/64 | 18 | ¥7/,225 |
| 5 | /67,535 | 12 | ¥/05,342 | 19 | ¥476,884 |
| 6 | /95,648 | 13 | ¥359,980 | 20 | ¥620,976 |
| 7 | 625,482 | 14 | ¥/69,893 | | |

## 練習問題2 (p.19)

| | | | |
|---|---|---|---|
| 1 | 4,243,37/ | 11 | ¥2,374,5/2 |
| 2 | 2,//0,332 | 12 | ¥6,0/2,957 |
| 3 | 2,746,476 | 13 | ¥985,/88 |
| 4 | 3,486,747 | 14 | ¥6,097,650 |
| 5 | /,356,560 | 15 | ¥405,405 |
| 6 | /,932,9/2 | 16 | ¥3,4/0,320 |
| 7 | 956,070 | 17 | ¥2,245,824 |
| 8 | 7,503,520 | 18 | ¥2,267,280 |
| 9 | 780,806 | 19 | ¥4,227,846 |
| 10 | /,59/,200 | 20 | ¥4,503,6/8 |

③除算

| 基本問題1 (p.20) | 基本問題2 (p.20) | |
|---|---|---|
| 1 12 | 1 84 | 11 482 |
| 2 12 | 2 39 | 12 948 |
| 3 24 | 3 24 | 13 839 |
| 4 21 | 4 83 | 14 273 |
| 5 31 | 5 65 | 15 564 |
| 6 124 | 6 76 | 16 976 |
| 7 121 | 7 43 | 17 324 |
| 8 132 | 8 98 | 18 497 |
| 9 423 | 9 54 | 19 745 |
| 10 341 | 10 87 | 20 652 |

| 基本問題3 (p.20) | 基本問題4 (p.21) | 基本問題5 |
|---|---|---|
| 1 63  11 873 | 1 8,243 | 1 7 |
| 2 91  12 461 | 2 1,735 | 2 3 |
| 3 37  13 692 | 3 6,307 | 3 8 |
| 4 76  14 637 | 4 4,068 | 4 2 |
| 5 14  15 923 | 5 2,650 | 5 4 |
| 6 23  16 128 | 6 38,256 | 6 3 |
| 7 85  17 264 | 7 61,308 | 7 5 |
| 8 49  18 289 | 8 20,639 | 8 4 |
| 9 42  19 415 | 9 85,370 | 9 2 |
| 10 58  20 346 | 10 19,463 | 10 6 |

| 基本問題6 (p.21) | | | 基本問題7 (p.22) |
|---|---|---|---|
| 1 12  11 13  21 18 | | | 1 7 |
| 2 31  12 73  22 14 | | | 2 4 |
| 3 22  13 52  23 53 | | | 3 6 |
| 4 23  14 46  24 12 | | | 4 5 |
| 5 43  15 17  25 36 | | | 5 8 |
| 6 84  16 60  26 63 | | | 6 8 |
| 7 68  17 54  27 45 | | | 7 6 |
| 8 43  18 62  28 16 | | | 8 5 |
| 9 67  19 34  29 32 | | | 9 7 |
| 10 86  20 41  30 28 | | | 10 4 |

基本問題8 (p.22)

| 1 89 | 6 17 | 11 63 | 16 18 |
|---|---|---|---|
| 2 73 | 7 49 | 12 35 | 17 67 |
| 3 52 | 8 53 | 13 58 | 18 23 |
| 4 65 | 9 67 | 14 62 | 19 47 |
| 5 58 | 10 74 | 15 47 | 20 28 |

基本問題9 (p.22)

| 1 91 | 3 92 | 5 96 | 7 97 | 9 83 |
|---|---|---|---|---|
| 2 97 | 4 94 | 6 94 | 8 12 | 10 49 |

| 11 86 | 13 98 | 15 12 | 17 68 | 19 28 |
|---|---|---|---|---|
| 12 57 | 14 89 | 16 69 | 18 39 | 20 87 |

基本問題10 (p.23)

| 1 48 | 6 51 | 11 18 | 16 71 |
|---|---|---|---|
| 2 95 | 7 74 | 12 83 | 17 64 |
| 3 26 | 8 29 | 13 27 | 18 35 |
| 4 17 | 9 63 | 14 96 | 19 50 |
| 5 80 | 10 30 | 15 40 | 20 72 |

| 基本問題11 (p.23) | 基本問題12 | 基本問題13 |
|---|---|---|
| 1 509 | 1 645 | 1 43 |
| 2 607 | 2 457 | 2 17 |
| 3 106 | 3 821 | 3 64 |
| 4 802 | 4 450 | 4 82 |
| 5 304 | 5 503 | 5 72 |
| 6 701 | 6 975 | 6 69 |
| 7 408 | 7 814 | 7 74 |
| 8 903 | 8 604 | 8 83 |
| 9 307 | 9 167 | 9 28 |
| 10 205 | 10 840 | 10 96 |

基本問題14 (p.24)

| 1 69 | 6 79 | 11 48 | 16 39 |
|---|---|---|---|
| 2 79 | 7 56 | 12 59 | 17 48 |
| 3 59 | 8 59 | 13 89 | 18 79 |
| 4 89 | 9 29 | 14 79 | 19 68 |
| 5 49 | 10 38 | 15 89 | 20 59 |

| 基本問題15 (p.24) | 基本問題16 (p.24) | |
|---|---|---|
| 1 63 | 1 920 | 11 16 |
| 2 56 | 2 42 | 12 509 |
| 3 84 | 3 536 | 13 95 |
| 4 58 | 4 31 | 14 470 |
| 5 89 | 5 659 | 15 24 |
| 6 246 | 6 78 | 16 867 |
| 7 435 | 7 143 | 17 62 |
| 8 574 | 8 85 | 18 708 |
| 9 695 | 9 207 | 19 93 |
| 10 756 | 10 14 | 20 381 |

基本問題17 (p.25)

| 1 76 | 6 281 | 11 83 | 16 412 |
|---|---|---|---|
| 2 160 | 7 73 | 12 920 | 17 14 |
| 3 94 | 8 802 | 13 71 | 18 267 |
| 4 605 | 9 37 | 14 308 | 19 65 |
| 5 59 | 10 498 | 15 59 | 20 346 |

## 基本問題18 (p.25)

1 46  6 37
2 81  7 65
3 59  8 18
4 73  9 92
5 24  10 43

## 練習問題 (p.25)

| | | | | | | | |
|---|---|---|---|---|---|---|---|
| 1 | 37 | 6 | 1,950 | 11 | 307 | 16 | 4,182 |
| 2 | 871 | 7 | 712 | 12 | 96 | 17 | 139 |
| 3 | 5,064 | 8 | 89 | 13 | 2,951 | 18 | 5,074 |
| 4 | 906 | 9 | 305 | 14 | 620 | 19 | 65 |
| 5 | 23 | 10 | 6,028 | 15 | 78 | 20 | 843 |

## ④総合練習問題

### (A) 乗算 (p.26)

1 ¥6,557  9 ¥14,700
2 ¥5,488  10 ¥516,338
3 ¥2,583  11 ¥187,872
4 ¥1,615  12 ¥282,007
5 ¥1,188  13 ¥456,445
6 ¥14,580  14 ¥508,536
7 ¥20,793  15 ¥1,708,140
8 ¥22,800

### (B) 除算 (p.26)

1 ¥72  6 ¥19  11 ¥107
2 ¥60  7 ¥94  12 ¥28
3 ¥57  8 ¥85  13 ¥39
4 ¥48  9 ¥363  14 ¥1,355
5 ¥26  10 ¥49  15 ¥698

### (C) 見取算 (p.26〜27)

1 ¥2,272  2 ¥1,936
3 ¥4,564  4 ¥36,378
5 ¥11,172  6 ¥4,402
7 ¥58,009  8 ¥36,715
9 ¥154,463  10 ¥501,056
11 ¥158,120  12 ¥154,078
13 ¥627,728  14 ¥1,916,112
15 ¥125,065

## ⑤定位法　乗算の定位法

### 基本問題1 (p.28)

1 2,566.2  5 327.66  9 10.878
2 669.53  6 301.72  10 1.6996
3 3,074.4  7 17.823
4 240.57  8 7.995

### 基本問題2 (p.28)

1 279.84  5 9.288  9 0.02226
2 24.832  6 3.458  10 0.022903
3 48.222  7 0.2303
4 44.091  8 0.61393

### 基本問題3 (p.28)

1 367.36  5 0.70196  9 0.0079294
2 4.9932  6 3.1868  10 0.002831
3 0.9756  7 0.01312
4 3.1413  8 0.017922

### 基本問題4 (p.28)

1 0.5264  6 0.30681
2 0.082041  7 0.04644
3 0.4978  8 0.0056376
4 0.020125  9 0.02044
5 0.11454  10 0.0353192

### 基本問題5 (p.29)

1 34.888  6 ¥26,317
2 6.214  7 ¥150
3 0.982  8 ¥2,886
4 1.059  9 ¥34
5 16.609  10 ¥4,935

### 練習問題1 (p.29)

1 3,759.28  11 ¥810
2 1.723  12 ¥493
3 62,225.5  13 ¥116,130
4 12.045  14 ¥1,522
5 59,793.2  15 ¥24,999
6 37,240.2  16 ¥66
7 105.732  17 ¥9,673
8 7.628  18 ¥42
9 1.784  19 ¥519,002
10 7,780.5  20 ¥1,817

### 練習問題2 (p.29)

1 3,180.9  8 23.398  15 ¥10,610
2 1.134  9 15.56  16 ¥102,480
3 2.613  10 361.275  17 ¥4,346
4 3,028.8  11 ¥5,310  18 ¥64
5 17.97  12 ¥60,715  19 ¥319,112
6 150.592  13 ¥17,737  20 ¥1,951
7 3,938.52  14 ¥28

4

## 除算の定位法

### 基本問題1 (p.30)

| | | | | | |
|---|---|---|---|---|---|
| 1 | 630 | 5 | 4.3 | 9 | 0.0036 |
| 2 | 4,700 | 6 | 5.09 | 10 | 0.00073 |
| 3 | 8.6 | 7 | 0.013 | | |
| 4 | 0.024 | 8 | 0.054 | | |

### 基本問題2 (p.30)

| | | | | | | | |
|---|---|---|---|---|---|---|---|
| 1 | 9,400 | 4 | 32.7 | 7 | 3.05 | 10 | 0.0725 |
| 2 | 480 | 5 | 1.63 | 8 | 0.18 | | |
| 3 | 5.2 | 6 | 74 | 9 | 0.063 | | |

### 基本問題3 (p.30)

| | | | | | | | |
|---|---|---|---|---|---|---|---|
| 1 | 950 | 4 | 31.4 | 7 | 5.76 | 10 | 9.32 |
| 2 | 84.6 | 5 | 20.5 | 8 | 36 | | |
| 3 | 17 | 6 | 41 | 9 | 0.45 | | |

### 基本問題4 (p.30)

| | | | | | | | |
|---|---|---|---|---|---|---|---|
| 1 | 53 | 4 | 62 | 7 | 1,600 | 10 | 408 |
| 2 | 740 | 5 | 806 | 8 | 3,100 | | |
| 3 | 2.5 | 6 | 270 | 9 | 95 | | |

### 基本問題5 (p.31)

| | | | | | |
|---|---|---|---|---|---|
| 1 | 0.726 | 5 | 46.216 | 9 | ¥140,500 |
| 2 | 0.037 | 6 | ¥205 | 10 | ¥2,482 |
| 3 | 0.834 | 7 | ¥4,608 | | |
| 4 | 0.403 | 8 | ¥54 | | |

### 練習問題1 (p.31)

| | | | | | |
|---|---|---|---|---|---|
| 1 | 4.315 | 8 | 2.638 | 15 | ¥7,418 |
| 2 | 6.071 | 9 | 0.35 | 16 | ¥50,900 |
| 3 | 0.68 | 10 | 0.069 | 17 | ¥9,265 |
| 4 | 9.434 | 11 | ¥4,205 | 18 | ¥27 |
| 5 | 73 | 12 | ¥65 | 19 | ¥16,154 |
| 6 | 8.741 | 13 | ¥84 | 20 | ¥836 |
| 7 | 127 | 14 | ¥37,021 | | |

### 練習問題2 (p.31)

| | | | | | |
|---|---|---|---|---|---|
| 1 | 8.043 | 8 | 4.652 | 15 | ¥9,038 |
| 2 | 0.175 | 9 | 521 | 16 | ¥354 |
| 3 | 278 | 10 | 3.9 | 17 | ¥749 |
| 4 | 0.035 | 11 | ¥528 | 18 | ¥61,000 |
| 5 | 6.397 | 12 | ¥12 | 19 | ¥42,540 |
| 6 | 940 | 13 | ¥86,400 | 20 | ¥5,203 |
| 7 | 7.624 | 14 | ¥2,700 | | |

## 相殺定位法

### 基本問題 (p.32)

| | | | | | |
|---|---|---|---|---|---|
| 1 | ¥2,625 | 6 | ¥2,997 | 11 | ¥2,560 |
| 2 | ¥4,387 | 7 | ¥7,091 | 12 | ¥485 |
| 3 | ¥960 | 8 | ¥1,200 | 13 | ¥2,318 |
| 4 | ¥6,200 | 9 | ¥1,080 | 14 | ¥2,036 |
| 5 | ¥4,653 | 10 | ¥1,148 | 15 | ¥6,851 |

## ⑥補数計算

### 基本問題1 (p.33)

| | | | | | | | | | |
|---|---|---|---|---|---|---|---|---|---|
| 1 | −18 | 2 | −28 | 3 | −57 | 4 | −31 | 5 | −16 |
| 6 | −34 | 7 | −54 | 8 | −20 | 9 | −10 | 10 | −40 |

### 基本問題2 (p.33)

| | | | | | | | | | |
|---|---|---|---|---|---|---|---|---|---|
| 1 | −12 | 2 | −44 | 3 | −16 | 4 | −1 | 5 | −80 |
| 6 | −34 | 7 | −43 | 8 | −60 | 9 | −58 | 10 | −86 |

### 基本問題3 (p.33)

| | | | | | | | | | |
|---|---|---|---|---|---|---|---|---|---|
| 1 | 28 | 2 | 29 | 3 | 16 | 4 | 50 | 5 | 3 |
| 6 | 15 | 7 | 30 | 8 | 45 | 9 | 36 | 10 | 40 |

### 練習問題1 (p.33)

| | | | | | | | | | |
|---|---|---|---|---|---|---|---|---|---|
| 1 | 9 | 2 | 21 | 3 | 33 | 4 | 16 | 5 | −24 |
| 6 | −3 | 7 | −52 | 8 | −54 | 9 | 1 | 10 | −39 |

### 練習問題2 (p.33)

| | | | | | |
|---|---|---|---|---|---|
| 1 | −514 | 2 | −202 | 3 | −473 |
| 4 | 301 | 5 | −7,604 | 6 | −210 |
| 7 | 3,091 | | | | |

## 3級編

### 第1章　普通計算

#### ①見取算

##### 基本問題1 (p.34)

計

| | | | | | |
|---|---|---|---|---|---|
| 1 | ¥2,903 | 2 | ¥2,497 | 3 | ¥3,015 |
| 4 | ¥2,187 | 5 | ¥3,071 | | |

小計　1～3 ¥8,415　4～5 ¥5,258

合計　¥13,673

##### 基本問題2 (p.36)

計

| | | | | | |
|---|---|---|---|---|---|
| 1 | ¥26,154 | 2 | ¥25,473 | 3 | ¥26,760 |
| 4 | ¥19,940 | 5 | ¥26,732 | | |

小計　1～3 ¥78,387　4～5 ¥46,672

合計　¥125,059

（構成比率）1 　20.91%　2 　20.37%

3 21.40%　4 15.94%　5 21.38%

1～3 62.68%　4～5 37.32%

練習問題 (p.36)

答

1 $344.48　2 $529.74　3 $385.59

4 $2,890.23　5 $1,850.96

小計　1～3 $1,259.81　4～5 $4,741.19

合計 $6,001.00

(構成比率)　1 5.74%　2 8.83%

3 6.43%　4 48.16%　5 30.84%

1～3 20.99%　4～5 79.01%

③乗算

基本問題 (p.38)

答

1 ¥243,474　2 ¥32,344　3 ¥44,345

4 ¥18,025　5 ¥8,211,472

小計　1～3 ¥320,163　4～5 ¥8,229,497

合計 ¥8,549,660

(構成比率)　1 2.85%　2 0.38%

3 0.52%　4 0.21%　5 96.04%

1～3 3.74%　4～5 96.26%

練習問題 (p.38)

答

1 €802.06　2 €13,749.05

3 €506.31　4 €28,970.76

5 €636.71

小計　1～3 €15,057.42

4～5 €29,607.47

合計 €44,664.89

(構成比率)　1 1.80%　2 30.78%

3 1.13%　4 64.86%　5 1.43%

1～3 33.71%　4～5 66.29%

④除算

基本問題 (p.40)

答

1 €2.74　2 €0.74　3 €14.26

4 €3.69　5 €51.80

小計　1～3 €17.74　4～5 €55.49

合計 €73.23

(構成比率)　1 3.74%　2 1.01%

3 19.47%　4 5.04%　5 70.74%

1～3 24.23%　4～5 75.77%

練習問題 (p.40)

答

1 ¥79　2 ¥635　3 ¥834

4 ¥503　5 ¥191

小計　1～3 ¥1,548　4～5 ¥694

合計 ¥2,242

(構成比率)　1 3.52%　2 28.32%

3 37.20%　4 22.44%　5 8.52%

1～3 69.05%　4～5 30.95%

⑤補充問題

問題1

(A) 乗算問題 (p.41)

| 1 | $391.82 |
|---|---|
| 2 | $295.80 |
| 3 | $48.82 |
| 4 | $3.31 |
| 5 | $29.70 |

| 小計(1)～(3) | | (1) | 50.92% | (1)～(3) | |
|---|---|---|---|---|---|
| | | (2) | 38.44% | | |
| | $736.44 | (3) | 6.34% | | 95.71% |
| 小計(4)～(5) | | (4) | 0.43% | (4)～(5) | |
| | $33.01 | (5) | 3.86% | | 4.29% |
| 合計A(1)～(5) | | | | | |
| | $769.45 | | | | |

| 6 | ¥8,633,352 |
|---|---|
| 7 | ¥5,380,406 |
| 8 | ¥212,658 |
| 9 | ¥6,010 |
| 10 | ¥11,527,131 |

| 小計(6)～(8) | | (6) | 33.52% | (6)～(8) | |
|---|---|---|---|---|---|
| | | (7) | 20.89% | | |
| | ¥14,226,416 | (8) | 0.83% | | 55.23% |
| 小計(9)～(10) | | (9) | 0.02% | (9)～(10) | |
| | ¥11,533,141 | (10) | 44.75% | | 44.77% |
| 合計B(6)～(10) | | | | | |
| | ¥25,759,557 | | | | |

## (B) 除算問題 （p.42）

| | | 小計(1)～(3) | | (1) | 3.89% | (1)～(3) | |
|---|---|---|---|---|---|---|---|
| 1 | ¥49 | | | (2) | 15.48% | | |
| 2 | ¥195 | | | | | | |
| 3 | ¥73 | | ¥317 | (3) | 5.79% | | 25.16% |
| 4 | ¥280 | 小計(4)～(5) | | (4) | 22.22% | (4)～(5) | |
| 5 | ¥663 | | ¥943 | (5) | 52.62% | | 74.84% |
| | | 合計C(1)～(5) | ¥1,260 | | | | |

| | | 小計(6)～(8) | | (6) | 5.26% | (6)～(8) | |
|---|---|---|---|---|---|---|---|
| 6 | €5.21 | | | (7) | 0.93% | | |
| 7 | €0.92 | | | | | | |
| 8 | €1.54 | | €7.67 | (8) | 1.55% | | 7.74% |
| 9 | €4.06 | 小計(9)～(10) | | (9) | 4.10% | (9)～(10) | |
| 10 | €87.37 | | €91.43 | (10) | 88.16% | | 92.26% |
| | | 合計D(6)～(10) | €99.10 | | | | |

## (C) 見取算問題 （p.43～44）

| No. | 1 | 2 | 3 | 4 | 5 |
|---|---|---|---|---|---|
| 計 | €53.49 | €74.65 | €312.53 | €309.78 | €165.09 |
| 小計 | 小計(1)～(3)　€440.67 | | | 小計(4)～(5)　€474.87 | |
| 合計 | 合計E(1)～(5)　€915.54 | | | | |

| 合計Eに対する構成比率 | (1) 5.84% | (2) 8.15% | (3) 34.14% | (4) 33.84% | (5) 18.03% |
|---|---|---|---|---|---|
| | (1)～(3)　48.13% | | | (4)～(5)　51.87% | |

| No. | 6 | 7 | 8 | 9 | 10 |
|---|---|---|---|---|---|
| 計 | ¥970,848 | ¥21,634,992 | ¥277,882 | ¥494,343 | ¥18,092 |
| 小計 | 小計(6)～(8)　¥22,883,722 | | | 小計(9)～(10)　¥512,435 | |
| 合計 | 合計F(6)～(10)　¥23,396,157 | | | | |

| 合計Fに対する構成比率 | (6) 4.15% | (7) 92.47% | (8) 1.19% | (9) 2.11% | (10) 0.08% |
|---|---|---|---|---|---|
| | (6)～(8)　97.81% | | | (9)～(10)　2.19% | |

## 問題2

## (A) 乗算問題 （p.45）

| | | 小計(1)～(3) | | (1) | 26.24% | (1)～(3) | |
|---|---|---|---|---|---|---|---|
| 1 | €2,101.88 | | | (2) | 32.12% | | |
| 2 | €2,572.87 | | | | | | |
| 3 | €42.48 | | €4,717.23 | (3) | 0.53% | | 58.89% |
| 4 | €606.06 | 小計(4)～(5) | | (4) | 7.57% | (4)～(5) | |
| 5 | €2,687.13 | | €3,293.19 | (5) | 33.55% | | 41.11% |
| | | 合計A(1)～(5) | €8,010.42 | | | | |

| 6 | ¥8,510,320 | 小計(6)~(8) | | (6) | 76.29% | (6)~(8) | |
|---|---|---|---|---|---|---|---|
| 7 | ¥372,708 | | | (7) | 3.34% | | |
| 8 | ¥22,428 | | ¥8,905,456 | (8) | 0.20% | | 79.83% |
| 9 | ¥2,226,101 | 小計(9)~(10) | | (9) | 19.96% | (9)~(10) | |
| 10 | ¥23,387 | | ¥2,249,488 | (10) | 0.21% | | 20.17% |
| | | 合計B(6)~(10) | | | | | |
| | | | ¥11,154,944 | | | | |

## (B) 除算問題 (p.46)

| 1 | $48.20 | 小計(1)~(3) | | (1) | 31.51% | (1)~(3) | |
|---|---|---|---|---|---|---|---|
| 2 | $6.35 | | | (2) | 4.15% | | |
| 3 | $3.92 | | $58.47 | (3) | 2.56% | | 38.22% |
| 4 | $0.54 | 小計(4)~(5) | | (4) | 0.35% | (4)~(5) | |
| 5 | $93.96 | | $94.50 | (5) | 61.42% | | 61.78% |
| | | 合計C(1)~(5) | | | | | |
| | | | $152.97 | | | | |

| 6 | ¥39 | 小計(6)~(8) | | (6) | 0.05% | (6)~(8) | |
|---|---|---|---|---|---|---|---|
| 7 | ¥84 | | | (7) | 0.10% | | |
| 8 | ¥78,647 | | ¥78,770 | (8) | 92.36% | | 92.51% |
| 9 | ¥6,338 | 小計(9)~(10) | | (9) | 7.44% | (9)~(10) | |
| 10 | ¥43 | | ¥6,381 | (10) | 0.05% | | 7.49% |
| | | 合計D(6)~(10) | | | | | |
| | | | ¥85,151 | | | | |

## (C) 見取算問題 (p.47~48)

| No. | 1 | 2 | 3 | 4 | 5 |
|---|---|---|---|---|---|
| 計 | $294.87 | $27.63 | $3,580.53 | $1,759.23 | $33.77 |
| 小計 | 小計(1)~(3) | | $3,903.03 | 小計(4)~(5) | $1,793.00 |
| 合計 | 合計E(1)~(5) | | $5,696.03 | | |
| 合計Eに対する構成比率 | (1) 5.18% | (2) 0.49% | (3) 62.86% | (4) 30.89% | (5) 0.59% |
| | (1)~(3) 68.52% | | | (4)~(5) 31.48% | |

| No. | 6 | 7 | 8 | 9 | 10 |
|---|---|---|---|---|---|
| 計 | ¥624,439 | ¥374,468 | ¥30,630,949 | ¥281,830 | ¥16,600,838 |
| 小計 | 小計(6)~(8) | | ¥31,629,856 | 小計(9)~(10) | ¥16,882,668 |
| 合計 | 合計F(6)~(10) | | ¥48,512,524 | | |
| 合計Fに対する構成比率 | (6) 1.29% | (7) 0.77% | (8) 63.14% | (9) 0.58% | (10) 34.22% |
| | (6)~(8) 65.20% | | | (9)~(10) 34.80% | |

## 第2章　ビジネス計算

　ビジネス計算では,解式を示しました。キー操作は機種により異なる場合がありますので注意して下さい。

### ①割合の表し方
### 基本問題1 (p.49)

| 小　数 | 百分率 | 歩　合 |
|--------|--------|--------|
| 0.24 | 24% | 2割4分 |
| 0.075 | 7.5% | 7分5厘 |
| 0.046 | 4.6% | 4分6厘 |
| 0.108 | 10.8% | 1割8厘 |
| 0.035 | 3.5% | 3分5厘 |

### 基本問題2 (p.49)
(1) 28%
(2) 36.5%
(3) 1.94%
(4) 50.7%
(5) 142%

### 基本問題3 (p.49)
(1) 6割4分
(2) 9分1厘
(3) 8割2厘4毛
(4) 7割5分3厘
(5) 10割3分6厘

### 基本問題4 (p.49)
(1) 0.354
(2) 0.1008
(3) 0.0725
(4) 0.2906
(5) 1.045

### 基本問題5 (p.49)
(1) 0.2984
(2) 0.0306
(3) 0.107
(4) 0.5202
(5) 1.085

### 基本問題6 (p.49)
(1) 67%　(2) 10.3%　(3) 0.9%　(4) 28%

### 基本問題7 (p.50)

| | 小　数 | 百分率 |
|--|--------|--------|
| (1) | 0.0469 | 4.69% |
| (2) | 0.103 | 10.3% |
| (3) | 0.2785 | 27.85% |
| (4) | 0.0407 | 4.07% |
| (5) | 0.30421 | 30.421% |

### 基本問題8 (p.50)

| | 百分率 | 歩　合 |
|--|--------|--------|
| (1) | 15.2% | 1割5分2厘 |
| (2) | 6.8% | 6分8厘 |
| (3) | 40.09% | 4割9毛 |
| (4) | 20.73% | 2割7厘3毛 |
| (5) | 0.41% | 4厘1毛 |

### 基本問題9 (p.50)

| | 小　数 | 歩　合 |
|--|--------|--------|
| (1) | 0.753 | 7割5分3厘 |
| (2) | 0.0048 | 4厘8毛 |

(3) 0.1009　　　　　　　1割9毛
(4) 0.06302　　　　6分3厘2糸
(5) 0.00021　　　　　　2毛1糸

### ②割合の計算
### 基本問題1 (p.50)
(1) ¥800,000×0.16＝¥128,000
(2) ¥400,000×0.35＝¥140,000
(3) ¥350,000×0.082＝¥28,700
(4) ¥650,000×0.405＝¥263,250

### 基本問題2 (p.51)
(1) ¥63,000÷¥700,000＝0.09　9%
(2) ¥900,000÷¥3,000,000＝0.3　3割
(3) ¥1,677,000÷¥6,450,000＝0.26　26%
(4) ¥244,200÷¥925,000＝0.264　2割6分4厘

### 基本問題3 (p.51)
(1) ¥40,000÷0.08＝¥500,000
(2) ¥9,000÷0.6＝¥15,000
(3) ¥207,350÷0.286＝¥725,000
(4) ¥22,110÷0.075＝¥294,800

### 基本問題4 (p.51)
(1) ¥6,000×0.03＝¥180
(2) ¥40÷¥100＝0.4　40%
(3) ¥9,000÷0.18＝¥50,000
(4) ¥50,000×0.05＝¥2,500
(5) ¥800÷0.2＝¥4,000
(6) ¥600÷¥2,000＝0.3　3割
(7) ¥32,000×0.4＝¥12,800

### 基本問題5 (p.52)
(1) ¥400,000×(1＋0.2)＝¥480,000
(2) ¥700,000×(1＋0.38)＝¥966,000
(3) ¥830,000×(1＋0.19)＝¥987,700

### 基本問題6 (p.52)
(1) ¥500,000×(1－0.3)＝¥350,000
(2) ¥600,000×(1－0.17)＝¥498,000
(3) ¥480,000×(1－0.26)＝¥355,200

### 基本問題7 (p.53)
(1) ¥980,000÷(1＋0.4)＝¥700,000
(2) ¥750,000÷(1＋0.25)＝¥600,000
(3) ¥955,300÷(1＋0.165)＝¥820,000
(4) ¥621,300÷(1＋0.308)＝¥475,000

### 基本問題8 (p.53)
(1) ¥490,000÷(1－0.3)＝¥700,000
(2) ¥320,000÷(1－0.2)＝¥400,000

(3) ¥315,000÷(1-0.125)=¥360,000
(4) ¥143,000÷(1-0.428)=¥250,000

## 基本問題9 (p.54)

(1) ¥900,000-¥600,000=¥300,000
¥300,000÷¥600,000=0.5  5割増し
(2) ¥600,000-¥500,000=¥100,000
¥100,000÷¥500,000=0.2  20%増し
(3) ¥400,000-¥320,000=¥80,000
¥80,000÷¥320,000=0.25  2割5分増し
(4) ¥531,000-¥450,000=¥81,000
¥81,000÷¥450,000=0.18  18%増し

## 基本問題10 (p.54)

(1) ¥500,000-¥400,000=¥100,000
¥100,000÷¥500,000=0.2  20%引き
(2) ¥200,000-¥180,000=¥20,000
¥20,000÷¥200,000=0.1  1割引き
(3) ¥760,000-¥570,000=¥190,000
¥190,000÷¥760,000=0.25
25%引き
(4) ¥850,000-¥561,000=¥289,000
¥289,000÷¥850,000=0.34
34%引き

## 練習問題 (p.55)

(1) ¥194,500×0.32=¥62,240
キー操作
194500✕.32=
(2) ¥76,230÷¥138,600=0.55  55%
キー操作
76230÷138600%
(3) ¥2,650÷0.05=¥53,000
キー操作
2650÷.05=
(4) ¥47,223÷¥59,400=0.795  79.5%
キー操作
47223÷59400%
(5) ¥28,750×0.48=¥13,800
キー操作
28750✕.48=
(6) ¥876,000×(1-0.175)=¥722,700
キー操作
876000✕17.5%−〔S型はさらに=を押す〕
または，876000✕82.5%
(7) ¥427,500÷(1-0.05)=¥450,000
キー操作
1−.05÷+427500=
〔S型機種〕1−.05=427500÷GT=
(8) ¥19,600×(1+0.105)=¥21,658
キー操作
1+.105✕19600=
(9) ¥879,200-¥785,000=¥94,200
¥94,200÷¥785,000=0.12  12%増し
キー操作
879200−785000÷785000%
(10) ¥913,200×(1-0.135)=¥789,918
キー操作
1−.135✕913200=
(11) ¥861,300÷(1+0.188)=¥725,000
キー操作
1+.188÷+861300=
〔S型機種〕1+.188=861300÷GT=
(12) ¥685,000-¥619,240=¥65,760
¥65,760÷¥685,000=0.096  9.6%
キー操作
685000−619240÷685000%

## ③売買・損益に関する計算

## 基本問題1 (p.56)

(1) ¥3,400÷10×900=¥306,000
(2) ¥8,200÷10×400=¥328,000
(3) ¥9,600÷60×300=¥48,000

## 基本問題2 (p.56)

(1) ¥280,000÷¥700=400個
(2) ¥360,000÷¥100=3,600m
(3) ¥150,000÷(¥5,000÷10)=300L

## 基本問題3 (p.57)

(1) ¥425,000+¥9,850=¥434,850
(2) ¥584,000+¥16,000+¥1,800
=¥601,800

## 基本問題4 (p.58)

(1) ¥500×600×0.12=¥36,000
(2) (¥674,000+¥13,500)×0.14
=¥96,250

## 基本問題5 (p.58)

(1) ¥30,000÷0.15=¥200,000
(2) ¥101,850÷0.175=¥582,000

## 基本問題6 (p.58)

(1) ¥10,500÷¥420,000＝0.025　<u>2.5%</u>

(2) ¥95,000÷(¥1,237,500＋¥12,500)
　　＝0.076　<u>7.6%</u>

## 基本問題7 (p.59)

(1) ¥25,000×(1＋0.18)＝<u>¥29,500</u>

(2) ¥320,000×(1＋0.145)＝<u>¥366,400</u>

## 基本問題8 (p.59)

(1) ¥194,700÷(1＋0.18)＝<u>¥165,000</u>

(2) ¥92,550÷(1＋0.234)＝<u>¥75,000</u>

## 基本問題9 (p.59)

(1) (¥83,000－¥62,500)÷¥62,500
　　＝0.328　<u>32.8%</u>

(2) (¥34,000－¥25,800)÷¥25,800
　　＝0.3178…　<u>31.8%</u>

## 基本問題10 (p.60)

(1) (¥6,000×530＋¥15,000)×(1＋0.17)
　　＝<u>¥3,738,150</u>

(2) (¥5,200÷10×840＋¥5,700)
　　×(1＋0.316)＝<u>¥582,330</u>

## 基本問題11 (p.60)

(1) ¥30,000×0.21＝<u>¥6,300</u>

(2) ¥50,000×0.17＝<u>¥8,500</u>

## 基本問題12 (p.60)

(1) ¥7,600÷0.2＝<u>¥38,000</u>

(2) ¥146,500÷0.25＝<u>¥586,000</u>

## 基本問題13 (p.60)

(1) ¥46,200÷¥385,000＝0.12　<u>12%</u>

(2) ¥148,800÷¥480,000＝0.31　<u>31%</u>

## 基本問題14 (p.61)

(1) ¥75,000×(1－0.19)＝<u>¥60,750</u>

(2) ¥287,000×(1－0.26)＝<u>¥212,380</u>

## 基本問題15 (p.61)

(1) ¥64,000×0.7＝<u>¥44,800</u>

(2) ¥39,000×0.85＝<u>¥33,150</u>

## 基本問題16 (p.61)

(1) ¥287,100÷(1－0.34)＝<u>¥435,000</u>

(2) ¥335,530÷(1－0.42)＝<u>¥578,500</u>

## 基本問題17 (p.62)

(1) (¥580,000－¥487,200)÷¥580,000
　　＝0.16　<u>16%</u>

(2) (¥392,000－¥337,120)÷¥392,000
　　＝0.14　<u>14%</u>

## 練習問題 (p.62〜63)

(1) (¥75,000－¥62,500)÷¥62,500＝0.2
　　<u>20%</u>
　　キー操作
　　75000⊟62500÷62500％

(2) ¥58,000×(1＋0.32)＝<u>¥76,560</u>
　　キー操作
　　58000⊠1.32⊟
　　または　1⊞.32⊟58000⊠GT⊟

(3) ¥9,000÷18×1,260×(1＋0.23)
　　＝<u>¥774,900</u>
　　キー操作
　　9000÷18⊠1260⊠23％⊞
　　〔S型機種〕9000÷18⊠1260⊞23％

(4) ¥110,500÷0.26＝<u>¥425,000</u>
　　キー操作
　　110500÷26％

(5) ¥280,000×0.14＝<u>¥39,200</u>
　　キー操作
　　280000⊠14％

(6) (¥4,300÷10×3,200＋¥20,000)
　　×(1＋0.25)＝<u>¥1,745,000</u>
　　キー操作
　　4300÷10⊠3200⊞20000⊠25％⊞
　　〔S型機種〕
　　4300÷10⊠3200⊞20000⊞25％

(7) ¥97,000×(1＋0.16)＝<u>¥112,520</u>
　　キー操作
　　97000⊠16％⊞
　　〔S型機種〕97000⊞16％

(8) ¥119,700÷(1＋0.26)＝<u>¥95,000</u>
　　キー操作
　　1⊞.26÷÷119700⊟
　　〔S型機種〕1⊞.26⊟119700÷GT⊟

(9) (¥115,000－¥92,000)÷¥92,000
　　＝0.25　<u>2割5分</u>
　　キー操作
　　115000⊟92000÷92000⊟

(10) ¥165,000×(1－0.18)＝<u>¥135,300</u>
　　キー操作
　　165000⊠18％⊟
　　〔S型機種〕165000⊟18％

(11) $¥33,120 ÷ ¥184,000 = 0.18$　 <u>18%</u>
キー操作
33120÷184000%

(12) $(¥250,000 − ¥230,000) ÷ ¥250,000$
$= 0.08$　<u>8%</u>
キー操作
250000─230000÷250000%

(13) $¥155,250 ÷ (1 + 0.15) = ¥135,000$
キー操作
1+─15÷155250=
〔S型機種〕 1+─15=155250÷GT=

(14) $(¥360 × 750 + ¥15,000) × (1 + 0.16)$
$= ¥330,600$
キー操作
360×750+15000×16%+
〔S型機種〕360×750+15000+16%

(15) $¥23,400 ÷ ¥180,000 = 0.13$　<u>13%</u>
キー操作
23400÷180000%

(16) $¥420,000 × (1 + 0.31) = ¥550,200$
キー操作
420000×31%+
〔S型機種〕420000+31%

(17) $(¥2,400 ÷ 10 × 780 + ¥4,800)$
$× (1 + 0.27) = ¥243,840$
キー操作
2400÷10×780+4800×27%+
〔S型機種〕
2400÷10×780+4800+27%

(18) $¥266,500 ÷ (1 − 0.18) = ¥325,000$
キー操作
1─÷18÷266500=
〔S型機種〕1─÷18=266500÷GT=

(19) $¥47,200 × 0.15 = ¥7,080$
キー操作
47200×15%

(20) $¥67,200 ÷ 0.8 = ¥84,000$
キー操作
67200÷0.8=

## ④外国貨幣と度量衡に関する計算
### 基本問題1 （p.64）

(1) $¥115 × \dfrac{\$54}{\$1} = ¥6,210$

(2) $¥197 × \dfrac{£48}{£1} = ¥9,456$

(3) $¥133 × \dfrac{€62.50}{€1} = ¥8,313$

### 基本問題2 （p.64）

(1) $\$1 × \dfrac{¥1,020}{¥120} = \$8.50$

(2) $£1 × \dfrac{¥8,398}{¥190} = £44.20$

(3) $€1 × \dfrac{¥5,000}{¥140} = €35.71$

### 練習問題1 （p.65）

(1) $¥118 × \dfrac{\$76.50}{\$1} = ¥9,027$

キー操作　118×76.5=

(2) $£1 × \dfrac{¥1,200}{¥192} = £6.25$

キー操作　1200÷192=

(3) $¥134 × \dfrac{€49.50}{€1} = ¥6,633$

キー操作　134×49.5=

(4) $\$1 × \dfrac{¥5,510}{¥116} = \$47.50$

キー操作　5510÷116=

(5) $€1 × \dfrac{¥820}{¥141} = €5.82$

キー操作　820÷141=

(6) $¥186 × \dfrac{£50.30}{£1} = ¥9,356$

キー操作　186×50.3=

(7) $¥114 × \dfrac{\$21.80}{\$1} = ¥2,485$

キー操作　114×21.8=

(8) $€1 × \dfrac{¥1,970}{¥142} = €13.87$

キー操作　1970÷142=

(9) $£1 × \dfrac{¥48,000}{¥187} = £256.68$

キー操作　48000÷187=

(10) $¥117 × \dfrac{\$98.30}{\$1} = ¥11,501$

キー操作　117×98.3=

(11) $/ × $\dfrac{¥36,000}{¥/22}$ = $295.08

キー操作　36000÷22=

(12) ¥/39 × $\dfrac{€80.20}{€/}$ = ¥11,148

キー操作　/39×80.2=

(13) £/ × $\dfrac{¥7,140}{¥/87}$ = £38.18

キー操作　7140÷187=

(14) ¥/2/ × $\dfrac{\$66.40}{\$/}$ = ¥8,034

キー操作　/2/×66.4=

**基本問題3 （p.66)**

(1) 0.4536kg × $\dfrac{500lb}{/lb}$ = 227kg

(2) 3.785L × $\dfrac{800米ガロン}{/米ガロン}$ = 3,028L

(3) 0.9/44m × $\dfrac{300yd}{/yd}$ = 274m

**基本問題4 （p.66)**

(1) /yd × $\dfrac{6,858m}{0.9/44m}$ = 7,500yd

(2) /lb × $\dfrac{/20kg}{0.4536kg}$ = 265lb

(3) /英ガロン × $\dfrac{250L}{4.546L}$ = 55英ガロン

**練習問題2 （p.67)**

(1) 3.785L × $\dfrac{49米ガロン}{/米ガロン}$ = /85L

キー操作　3.785×49=

(2) /lb × $\dfrac{620kg}{0.4536kg}$ = /,367lb

キー操作　620÷·4536=

(3) 0.9/44m × $\dfrac{740yd}{/yd}$ = 677m

キー操作　·9/44×740=

(4) 907.2kg × $\dfrac{28米トン}{/米トン}$ = 25,402kg

キー操作　907.2×28=

(5) 4.546L × $\dfrac{5/英ガロン}{/英ガロン}$ = 232L

キー操作　4.546×5/=

(6) /yd × $\dfrac{430m}{0.9/44m}$ = 470yd

キー操作　430÷·9/44=

(7) /米ガロン × $\dfrac{9/0L}{3.785L}$ = 240米ガロン

キー操作　9/0÷3.785=

(8) /,0/6kg × $\dfrac{36英トン}{/英トン}$ = 36,576kg

キー操作　/0/6×36=

(9) /米トン × $\dfrac{85,000kg}{907.2kg}$ = 94米トン

キー操作　85000÷907.2=

(10) /英ガロン × $\dfrac{/70L}{4.546L}$ = 37英ガロン

キー操作　/70÷4.546=

(11) 0.9/44m × $\dfrac{230yd}{/yd}$ = 2/0m

キー操作　·9/44×230=

(12) /lb × $\dfrac{790kg}{0.4536kg}$ = /,742lb

キー操作　790÷·4536=

(13) 907.2kg × $\dfrac{54米トン}{/米トン}$ = 48,989kg

キー操作　907.2×54=

(14) /英ガロン × $\dfrac{820L}{4.546L}$ = /80英ガロン

キー操作　820÷4.546=

**⑤利息の計算**

**基本問題1 （p.68)**

(1) 3/-/5+30+3/+30+3/+22=/60日
(2) 3/-6+3/+30+2/+/=/08日
(3) 3/-23+28+3/+8=75日
(4) 29-20+3/+30+3/+30+/3+/
　=/45日

**基本問題2 （p.68)**

(1) 30-8+3/+/0=63日
(2) 3/-/6+24+/=40日
(3) 3/-2/+3/+/0=5/日
(4) 3/-2/+3/+30+9+/=8/日
(5) 30-4+3/+3/+28+3/+/5=/62日
(6) 29-/4+3/+30+3/+30+3/+25
　=/93日

(7) $30-30+3/+3/+30+3/+30+3/+5$
$+/=\underline{/90}$日

(8) $3/-/+30+3/+30+3/+3/+30+3/$
$+30=\underline{274}$日

(9) $29-8+3/+30+3/+30+/6+/=\underline{/60}$日

(10) $3/-6+30+3/+3/+30+3/+30+28$
$=\underline{236}$日

**基本問題3（p.69）**

(1) ¥$50,000×0.04×4=\underline{¥8,000}$

(2) ¥$70,000×0.02×6=\underline{¥8,400}$

(3) ¥$200,000×0.045×5=\underline{¥45,000}$

**基本問題4（p.69）**

(1) ¥$600,000×0.03×/0=¥/80,000$
¥$600,000+¥/80,000=\underline{¥780,000}$
または ¥$600,000×(/+0.03×/0)$
$=\underline{¥780,000}$

(2) ¥$840,000×0.054×8=¥362,880$
¥$840,000+¥362,880=\underline{¥/,202,880}$
または ¥$840,000×(/+0.054×8)$
$=\underline{¥/,202,880}$

**基本問題5（p.70）**

(1) $\dfrac{20}{/2}$ (2) $\dfrac{29}{/2}$ (3) $\dfrac{47}{/2}$

(4) $/.25$年 (5) $2.75$年 (6) $3.5$年

**基本問題6（p.70）**

(1) ¥$60,000×0.04×\dfrac{8}{/2}=\underline{¥/,600}$

(2) ¥$90,000×0.05×\dfrac{30}{/2}=\underline{¥//,250}$

(3) ¥$700,000×0.02×\dfrac{/9}{/2}=\underline{¥22,/66}$

(4) ¥$460,000×0.03×\dfrac{27}{/2}=¥3/,050$
¥$460,000+¥3/,050=\underline{¥49/,050}$
または ¥$460,000×0.03×2.25$
$+¥460,000=\underline{¥49/,050}$
または ¥$460,000×(/+0.03×2.25)$
$=\underline{¥49/,050}$

(5) ¥$980,000×0.06×\dfrac{68}{/2}=¥333,200$
¥$980,000+¥333,200=\underline{¥/,3/3,200}$
または ¥$980,000×(/+0.06×\dfrac{68}{/2})$

$=\underline{¥/,3/3,200}$

(6) ¥$/20,000×0.02×\dfrac{6}{/2}=\underline{¥/,200}$
または ¥$/20,000×0.02×0.5=\underline{¥/,200}$

(7) ¥$240,000×0.03×\dfrac{2/}{/2}=\underline{¥/2,600}$
または ¥$240,000×0.03×/.75$
$=\underline{¥/2,600}$

(8) ¥$500,000×0.0/9×\dfrac{28}{/2}=\underline{¥22,/66}$

(9) ¥$680,000×0.028×\dfrac{7}{/2}=¥//,/06$
¥$680,000+¥//,/06=\underline{¥69/,/06}$

(10) ¥$750,000×0.045×\dfrac{34}{/2}=¥95,625$
¥$750,000+¥95,625=\underline{¥845,625}$

**基本問題7（p.71）**

※（CUT，0）とはラウンドセレクターをCUTに，
小数点セレクターを0にあわせることを示す。

(1) ¥$60,000×0.04×\dfrac{/46}{365}=\underline{¥960}$
または ¥$60,000×0.04×0.4=\underline{¥960}$

(2) ¥$90,000×0.05×\dfrac{2/9}{365}=¥2,700$
¥$90,000+¥2,700=\underline{¥92,700}$
または ¥$90,000×0.05×0.6+¥90,000$
$=\underline{¥92,700}$
または ¥$90,000×(/+0.05×0.6)$
$=\underline{¥92,700}$

(3) ¥$400,000×0.02×\dfrac{78}{365}=\underline{¥/,709}$

(4) ¥$30,000×0.02×\dfrac{73}{365}=\underline{¥/20}$
または ¥$30,000×0.02×0.2=\underline{¥/20}$
キー操作（CUT，0）
$30000×.02×73÷365=$
または $30000×2\%×73÷365=$
または $30000×2\%×.2=$

**練習問題1（p.71）**

(1) $3/-26+30+3/+7=73$日

¥$50,000×0.03×\dfrac{73}{365}=\underline{¥300}$
または ¥$50,000×0.03×0.2=\underline{¥300}$

(2) $31-7+30+31+30+31+31+30+12$
$=219$日

$$¥80{,}000×0.06×\frac{219}{365}=¥2{,}880$$

$¥80{,}000+¥2{,}880=\underline{¥82{,}880}$

または $¥80{,}000×0.06×0.6+¥80{,}000$
$=\underline{¥82{,}880}$

または $¥80{,}000×(1+0.06×0.6)$
$=\underline{¥82{,}880}$

(3) $30-14+31+30+5=82$日

$$¥700{,}000×0.04×\frac{82}{365}=\underline{¥6{,}290}$$

(4) $31-1+31+20=81$日

$$¥50{,}000×0.05×\frac{81}{365}=¥554$$

$¥50{,}000+¥554=\underline{¥50{,}554}$

キー操作（CUT，0）
$31\boxminus1\boxplus31\boxplus20\boxminus(81)$
$50000\,\text{M+}\,\boxtimes\boxdot05\boxtimes81\div365(\boxminus)\,\text{M+}\,\text{MR}$
または $50000\,\text{M+}\,\boxtimes5\%\boxtimes81\div365(\boxminus)$
$\text{M+}\,\text{MR}$

(5) $$¥620{,}000×0.035×\frac{120}{365}=\underline{¥7{,}134}$$

キー操作（CUT，0）
$620000\boxtimes\boxdot035\boxtimes120\div365\boxminus$
または $620000\boxtimes3.5\%\boxtimes120\div365\boxminus$

(6) $30-12+31+30+31+31+5=146$日

$$¥730{,}000×0.03×\frac{146}{365}=¥8{,}760$$

$¥730{,}000+¥8{,}760=\underline{¥738{,}760}$
または $¥730{,}000×0.03×0.4$
$+¥730{,}000=\underline{¥738{,}760}$
または $¥730{,}000×(1+0.03×0.4)$
$=\underline{¥738{,}760}$
キー操作（CUT，0）
$30\boxminus12\boxplus31\boxplus30\boxplus31\boxplus31\boxplus5\boxminus(146)$
$730000\,\text{M+}\,\boxtimes\boxdot03\boxtimes146\div365(\boxminus)\,\text{M+}\,\text{MR}$
または $730000\,\text{M+}\,\boxtimes3\%\boxtimes146\div365(\boxminus)\,\text{M+}\,\text{MR}$
$\text{M+}\,\text{MR}$
または $730000\,\text{M+}\,\boxtimes3\%\boxtimes\boxdot4(\boxminus)\,\text{M+}\,\text{MR}$

(7) $$¥280{,}000×0.06×\frac{292}{365}=¥13{,}440$$

$¥280{,}000+¥13{,}440=\underline{¥293{,}440}$

または $¥280{,}000×0.06×0.8$
$+¥280{,}000=\underline{¥293{,}440}$
または $¥280{,}000×(1+0.06×0.8)$
$=\underline{¥293{,}440}$
キー操作（CUT，0）
$280000\,\text{M+}\,\boxtimes\boxdot06\boxtimes292\div365(\boxminus)\,\text{M+}\,\text{MR}$
または $280000\,\text{M+}\,\boxtimes6\%\boxtimes292\div365(\boxminus)$
$\text{M+}\,\text{MR}$
または $280000\,\text{M+}\,\boxtimes6\%\boxtimes\boxdot8(\boxminus)\,\text{M+}\,\text{MR}$

## 練習問題2 （p.72）

(1) $$¥450{,}000×0.02×\frac{73}{365}=\underline{¥1{,}800}$$

または $¥450{,}000×0.02×0.2=\underline{¥1{,}800}$
キー操作（CUT，0）
$450000\boxtimes\boxdot02\boxtimes73\div365\boxminus$
または $450000\boxtimes2\%\boxtimes73\div365\boxminus$
または $450000\boxtimes2\%\boxtimes\boxdot2\boxminus$

(2) $$¥96{,}000×0.048×\frac{8}{12}=¥3{,}072$$

$¥96{,}000+¥3{,}072=\underline{¥99{,}072}$
キー操作（CUT，0）
$96000\,\text{M+}\,\boxtimes\boxdot048\boxtimes8\div12(\boxminus)\,\text{M+}\,\text{MR}$
または $96000\,\text{M+}\,\boxtimes4.8\%\boxtimes8\div12(\boxminus)$
$\text{M+}\,\text{MR}$

(3) $31-30+31+30+5=67$日

$$¥340{,}000×0.03×\frac{67}{365}=\underline{¥1{,}872}$$

キー操作（CUT，0）
$31\boxminus30\boxplus31\boxplus30\boxplus5\boxminus(67)$
$340000\boxtimes\boxdot03\boxtimes67\div365\boxminus$
または $340000\boxtimes3\%\boxtimes67\div365\boxminus$

(4) $$¥85{,}000×0.025×\frac{146}{365}=\underline{¥850}$$

または $¥85{,}000×0.025×0.4=\underline{¥850}$
キー操作（CUT，0）
$85000\boxtimes\boxdot025\boxtimes146\div365\boxminus$
または $85000\boxtimes2.5\%\boxtimes146\div365\boxminus$
または $85000\boxtimes2.5\%\boxtimes\boxdot4\boxminus$

(5) $$¥640{,}000×0.04×\frac{7}{12}=¥14{,}933$$

$¥640{,}000+¥14{,}933=\underline{¥654{,}933}$
キー操作（CUT，0）
$640000\,\text{M+}\,\boxtimes\boxdot04\boxtimes7\div12(\boxminus)\,\text{M+}\,\text{MR}$

または　640000 Ⓜ⁺×4％×7÷/2（回）Ⓜ⁺ⓂⓇ

(6) 3/-/7+30+25＝69日

$$¥570,000×0.0/8×\frac{69}{365}=\underline{¥1,939}$$

キー操作（CUT，0）
3÷/7＋30＋25＝(69)
570000×⊡0/8×69÷365＝
または　570000×/.8％×69÷365＝

(7)

$$¥75,000×0.038×\frac{2/9}{365}=\underline{¥1,7/0}$$

または　¥75,000×0.038×0.6＝¥1,7/0

キー操作（CUT，0）
75000×⊡038×2/9÷365＝
または　75000×3.8％×2/9÷365＝
または　75000×3.8％×⊡6＝

(8) 3/-26+30+30＝65日

$$¥/90,000×0.046×\frac{65}{365}=\underline{¥1,556}$$

キー操作（CUT，0）
3/⊟26＋30＋30＝(65)
/90000×⊡046×65÷365＝
または　/90000×4.6％×65÷365＝

(9)

$$¥260,000×0.025×\frac{9}{/2}=¥4,875$$

¥260,000＋¥4,875＝¥264,875
または　¥260,000×0.025×0.75
＋260,000＝¥264,875
キー操作（CUT，0）
260000 Ⓜ⁺×⊡025×9÷/2（＝）Ⓜ⁺ⓂⓇ
または　260000 Ⓜ⁺×2.5％×9÷/2（＝）
Ⓜ⁺ⓂⓇ
または260000 Ⓜ⁺×2.5％×⊡75（＝）Ⓜ⁺ⓂⓇ

(10) 28-/8+3/+30+/4＝85日

$$¥528,000×0.05×\frac{85}{365}=\underline{¥6,/47}$$

キー操作（CUT，0）
28⊟/8＋3/＋30＋/4＝(85)
528000×⊡05×85÷365＝
または　528000×5％×85÷365＝

(11) ¥67,000×0.037×6＝¥/4,874

キー操作（CUT，0）
67000×⊡037×6＝
または　67000×3.7％×6＝

(12)

$$¥/40,000×0.045×\frac{/52}{365}=\underline{¥2,623}$$

キー操作（CUT，0）
/40000×⊡045×/52÷365＝
または　/40000×4.5％×/52÷365＝

(13) 29-25+3/+30+3/+30+3/+/9
＝/76日

$$¥920,000×0.04×\frac{/76}{365}=¥/7,744$$

¥920,000＋¥/7,744＝¥937,744
キー操作（CUT，0）
29⊟25＋3/＋30＋3/＋30＋3/＋/9
＝(/76)
920000 Ⓜ⁺×⊡04×/76÷365（＝）Ⓜ⁺ⓂⓇ
または　920000 Ⓜ⁺×4％×/76÷365
（＝）Ⓜ⁺ⓂⓇ

### 3級練習問題（ビジネス計算）（p.73〜74）

(1)

$$¥/08×\frac{\$68.75}{\$/}=\underline{¥7,425}$$

キー操作（5/4，0）
/08×68.75＝

(2)

$$¥370,000×0.032×\frac{76}{365}=\underline{¥2,465}$$

キー操作（CUT，0）
370000×3.2％×76÷365＝

(3) ¥520,000×0.36＝¥/87,200
キー操作（5/4，0）
520000×36％

(4)

$$/英トン×\frac{58,000kg}{/,0/6kg}=\underline{57英トン}$$

キー操作（5/4，0）
58000÷/0/6＝

(5) ¥426,000×(/-0./7)＝¥353,580
キー操作（5/4，0）
426000×/7％⊟

(6)

$$£/×\frac{¥9,200}{¥/37}=\underline{£67./5}$$

キー操作（5/4，ADD2）
9200÷/37＝

(7) ¥9,840÷¥82,000＝0./2　/割2分
キー操作（5/4，2）
9840÷82000＝

16

(8) $¥420,000×0.014×\dfrac{9}{12}$

$+¥420,000=\underline{¥424,410}$

キー操作（5/4, 0）

420000Ⓜ⁺×1.4%×9÷12Ⓜ⁺ⓂⓇ

(9) $¥60,720÷(1+0.32)=\underline{¥46,000}$

キー操作（5/4, 0）

60720÷1.32=

(10) $0.9144\text{m}×\dfrac{680\text{yd}}{1\text{yd}}=\underline{622\text{m}}$

キー操作（5/4, 0）

.9144×680=

(11) $(¥280×510+¥7,200)×(1+0.264)$

$=\underline{¥189,600}$

キー操作（5/4, 0）

280×510+7200×1.264=

(12) 4月15日～6月9日=55日（片落とし）

$¥584,000×0.028×\dfrac{55}{365}$

$+¥584,000=\underline{¥586,464}$

キー操作（5/4, 0）

584000Ⓜ⁺×2.8%×55÷365Ⓜ⁺ⓂⓇ

(13) $¥718,200÷(1-0.16)=\underline{¥855,000}$

キー操作（5/4, 0）

1−.16÷718200=

(14) $0.4536\text{kg}×\dfrac{76\text{lb}}{1\text{lb}}=\underline{34\text{kg}}$

キー操作（5/4, 0）

.4536×76=

(15) $€1×\dfrac{¥7,150}{¥125}=\underline{€57.20}$

キー操作（5/4, ADD2）

7150÷125=

(16) $(¥53,000-¥33,390)÷¥53,000=0.37$

$\underline{37\%引き}$

キー操作（5/4, 0）

53000−33390÷53000%

(17) $¥94,000×0.031×\dfrac{7}{12}=\underline{¥1,700}$

キー操作（5/4, 0）

94000×3.1%×7÷12=

(18) $¥714,000×(1+0.235)=\underline{¥881,790}$

キー操作（5/4, 0）

714000×1.235=

(19) $¥146×\dfrac{£40.30}{£1}=\underline{¥5,884}$

キー操作（5/4, 0）

146×40.3=

(20) $1米ガロン×\dfrac{800\text{L}}{3.785\text{L}}=\underline{211米ガロン}$

キー操作（5/4, 0） 800÷3.785=

3級演習問題（その1）

### (A) 乗算問題 (p.75)

| 1 | $6,900.50 | 小計(1)〜(3) | | (1) | 3.14% | (1)〜(3) | |
|---|---|---|---|---|---|---|---|
| 2 | $49.48 | | | (2) | 0.02% | | |
| 3 | $15,152.76 | | $22,102.74 | (3) | 6.89% | | 10.05% |
| 4 | $190,898.13 | 小計(4)〜(5) | | (4) | 86.82% | (4)〜(5) | |
| 5 | $6,876.67 | | $197,774.80 | (5) | 3.13% | | 89.95% |
| | | 合計A(1)〜(5) | | | | | |
| | | | $219,877.54 | | | | |

| 6 | ¥276,584 | 小計(6)〜(8) | | (6) | 6.73% | (6)〜(8) | |
|---|---|---|---|---|---|---|---|
| 7 | ¥127,038 | | | (7) | 3.09% | | |
| 8 | ¥4,229 | | ¥407,851 | (8) | 0.10% | | 9.92% |
| 9 | ¥2,052 | 小計(9)〜(10) | | (9) | 0.05% | (9)〜(10) | |
| 10 | ¥3,702,840 | | ¥3,704,892 | (10) | 90.03% | | 90.08% |
| | | 合計B(6)〜(10) | | | | | |
| | | | ¥4,112,743 | | | | |

### (B) 除算問題 (p.76)

| 1 | ¥945 | 小計(1)〜(3) | | (1) | 12.72% | (1)〜(3) | |
|---|---|---|---|---|---|---|---|
| 2 | ¥260 | | | (2) | 3.50% | | |
| 3 | ¥5,702 | | ¥6,907 | (3) | 76.73% | | 92.95% |
| 4 | ¥56 | 小計(4)〜(5) | | (4) | 0.75% | (4)〜(5) | |
| 5 | ¥468 | | ¥524 | (5) | 6.30% | | 7.05% |
| | | 合計C(1)〜(5) | | | | | |
| | | | ¥7,431 | | | | |

| 6 | €5.91 | 小計(6)〜(8) | | (6) | 10.25% | (6)〜(8) | |
|---|---|---|---|---|---|---|---|
| 7 | €1.59 | | | (7) | 2.76% | | |
| 8 | €8.07 | | €15.57 | (8) | 14.00% | | 27.01% |
| 9 | €41.73 | 小計(9)〜(10) | | (9) | 72.40% | (9)〜(10) | |
| 10 | €0.34 | | €42.07 | (10) | 0.59% | | 72.99% |
| | | 合計D(6)〜(10) | | | | | |
| | | | €57.64 | | | | |

### (C) 見取算問題 (p.77〜78)

| No. | 1 | 2 | 3 | 4 | 5 |
|---|---|---|---|---|---|
| 計 | $45,417.78 | $202.15 | $5,019.93 | $39,213.60 | $366.12 |

| 小計 | 小計(1)〜(3) | $50,639.86 | 小計(4)〜(5) | $39,579.72 |
|---|---|---|---|---|
| 合計 | 合計E(1)〜(5) | | $90,219.58 | |

| 合計Eに対する構成比率 | (1) | 50.34% | (2) | 0.22% | (3) | 5.56% | (4) | 43.46% | (5) | 0.41% |
|---|---|---|---|---|---|---|---|---|---|---|
| | (1)〜(3) | | | 56.13% | | (4)〜(5) | | | 43.87% | |

| No. | 6 | 7 | 8 | 9 | 10 |
|---|---|---|---|---|---|
| 計 | ¥23,504,211 | ¥41,384 | ¥18,276,354 | ¥6,163,807 | ¥22,920,085 |

| 小計 | 小計(6)～(8) | | ¥41,821,949 | 小計(9)～(10) | | ¥29,083,892 |
|---|---|---|---|---|---|---|
| 合計 | 合計F(6)～(10) | | | ¥70,905,841 | | |

| 合計に対する構成比率 | (6) | 33.15% | (7) | 0.06% | (8) | 25.78% | (9) | 8.69% | (10) | 32.32% |
|---|---|---|---|---|---|---|---|---|---|---|
| | (6)～(8) | | | 58.98% | | | (9)～(10) | | 41.02% | |

## ビジネス計算 （p.79～80）

※ (5/4, 0) とはラウンドセレクターを5/4に, 小数点セレクターを0にあわせることを示す。

(1) $¥134 \times \dfrac{€326.50}{€1} = \underline{¥43,751}$

キー操作 (5/4, 0)
134 ⊠ 326.5 ⊟

(2) $¥89,000 \times 0.024 \times \dfrac{40}{365} = \underline{¥234}$

キー操作 (5/4, 0)
89000 ⊠ 2.4 ％ ⊠ 40 ÷ 365 ⊟

(3) $¥420,000 \times (1 + 0.27) = \underline{¥533,400}$

キー操作 (5/4, 0)
420000 ⊠ 27 ％ ⊞

(4) $1米ガロン \times \dfrac{500\,L}{3.785\,L} = \underline{132米ガロン}$

キー操作 (5/4, 0)
500 ÷ 3.785 ⊟

(5) $¥322,000 \div (1 - 0.3) = \underline{¥460,000}$

キー操作 (5/4, 0)
1 ⊟ .3 ⊟ ÷ 322000 ⊟
〔S型機種〕 1 ⊟ .3 ⅯⅢ 322000 ÷ ⅯⅢ ⊟

(6) $\$1 \times \dfrac{¥6,580}{¥112} = \underline{\$58.75}$

キー操作 (5/4, ADD 2)
6580 ÷ 112 ⊟

(7) $0.9144\,m \times \dfrac{730\,yd}{1\,yd} = \underline{668\,m}$

キー操作 (5/4, 0)
.9144 ⊠ 730 ⊟

(8) $¥932,200 \div 3,160 = \underline{¥295}$

キー操作 (5/4, 0)
932200 ÷ 3160 ⊟

(9) $¥150,000 \times 0.042 \times \dfrac{8}{12} + ¥150,000$

$= \underline{¥154,200}$

キー操作 (5/4, 0)
150000 ⅯⅢ ⊠ 4.2 ％ ⊠ 8 ÷ 12 ⅯⅢ ⅯⅢ

(10) $¥320,000 \times 0.28 = \underline{¥89,600}$

キー操作 (5/4, 0)
320000 ⊠ 28 ％

(11) $¥64,800 \div 0.16 = \underline{¥405,000}$

キー操作 (5/4, 0)
64800 ÷ 16 ％

(12) $¥92,000 \times (1 + 0.26) = \underline{¥115,920}$

キー操作 (5/4, 0)
92000 ⊠ .26 ⊞ 92000 ⊟
または 92000 ⊠ 1.26 ⊟

(13) $1\,lb \times \dfrac{280\,kg}{0.4536\,kg} = \underline{617\,lb}$

キー操作 (5/4, 0)
280 ÷ .4536 ⊟

(14) $¥740 \times 380 \times 0.25 = \underline{¥70,300}$

キー操作 (5/4, 0)
740 ⊠ 380 ⊠ 25 ％

(15) $¥109 \times \dfrac{\$28.60}{\$1} = \underline{¥3,117}$

キー操作 (5/4, 0)
109 ⊠ 28.6 ⊟

(16) $(¥620,000 - ¥421,600) \div ¥620,000$

$= 0.32 \quad \underline{32\%}$

キー操作 (5/4, 0)
620000 ⊟ 421600 ÷ 620000 ％

(17) 6月24日～8月30日 ＝ 67日 （片落とし）

$¥540,000 \times 0.018 \times \dfrac{67}{365} + ¥540,000$

$= \underline{¥541,784}$

キー操作 (5/4, 0)
540000 ⅯⅢ ⊠ 1.8 ％ ⊠ 67 ÷ 365 ⅯⅢ ⅯⅢ

(18) $1,016\,kg \times \dfrac{0.57英トン}{1英トン} = \underline{579\,kg}$

キー操作 (5/4, 0)

19

$10/6 ⊠ □ 57 ⊟$

(19) ¥532,700 + ¥23,300 = ¥556,000

キー操作 (5/4, 0)

$532700 ⊞ 23300 ⊟$

(20) ¥131 × $\dfrac{€80.25}{€1}$ = ¥10,513

キー操作 (5/4, 0)

$131 ⊠ 80.25 ⊟$

## 3級演習問題（その2）

### （A）乗算問題（p.81）

| | | | | | | |
|---|---|---|---|---|---|---|
| 1 | ¥3,010,546 | 小計(1)~(3) | | (1) | 91.17% | (1)~(3) |
| 2 | ¥5,121 | | | (2) | 0.16% | |
| 3 | ¥260,993 | | ¥3,276,660 | (3) | 7.90% | 99.23% |
| 4 | ¥21,099 | 小計(4)~(5) | | (4) | 0.64% | (4)~(5) |
| 5 | ¥4,375 | | ¥25,474 | (5) | 0.13% | 0.77% |
| | | 合計A(1)~(5) | | | | |
| | | | ¥3,302,134 | | | |

| | | | | | | |
|---|---|---|---|---|---|---|
| 6 | $9,256.77 | 小計(6)~(8) | | (6) | 2.32% | (6)~(8) |
| 7 | $137.29 | | | (7) | 0.03% | |
| 8 | $377,315.00 | | $386,709.06 | (8) | 94.64% | 96.99% |
| 9 | $52.26 | 小計(9)~(10) | | (9) | 0.01% | (9)~(10) |
| 10 | $11,941.02 | | $11,993.28 | (10) | 2.99% | 3.01% |
| | | 合計B(6)~(10) | | | | |
| | | | $398,702.34 | | | |

### （B）除算問題（p.82）

| | | | | | | |
|---|---|---|---|---|---|---|
| 1 | €20.39 | 小計(1)~(3) | | (1) | 37.52% | (1)~(3) |
| 2 | €4.86 | | | (2) | 8.94% | |
| 3 | €0.73 | | €25.98 | (3) | 1.34% | 47.80% |
| 4 | €9.07 | 小計(4)~(5) | | (4) | 16.69% | (4)~(5) |
| 5 | €19.30 | | €28.37 | (5) | 35.51% | 52.20% |
| | | 合計C(1)~(5) | | | | |
| | | | €54.35 | | | |

| | | | | | | |
|---|---|---|---|---|---|---|
| 6 | ¥815 | 小計(6)~(8) | | (6) | 6.97% | (6)~(8) |
| 7 | ¥368 | | | (7) | 3.15% | |
| 8 | ¥41 | | ¥1,224 | (8) | 0.35% | 10.46% |
| 9 | ¥9,802 | 小計(9)~(10) | | (9) | 83.78% | (9)~(10) |
| 10 | ¥674 | | ¥10,476 | (10) | 5.76% | 89.54% |
| | | 合計D(6)~(10) | | | | |
| | | | ¥11,700 | | | |

### （C）見取算問題（p.83~84）

| No. | 1 | 2 | 3 | 4 | 5 |
|---|---|---|---|---|---|
| 計 | ¥12,039,417 | ¥24,842 | ¥288,558 | ¥4,805,910 | ¥159,794 |
| 小計 | 小計(1)~(3) ¥12,352,817 | | | 小計(4)~(5) ¥4,965,704 | |
| 合計 | 合計E(1)~(5) ¥17,318,521 | | | | |
| 合計Eに対する構成比率 | (1) 69.52% | (2) 0.14% | (3) 1.67% | (4) 27.75% | (5) 0.92% |
| | (1)~(3) 71.33% | | | (4)~(5) 28.67% | |

| No. | 6 | 7 | 8 | 9 | 10 |
|---|---|---|---|---|---|
| 計 | $150,589.62 | $6,266.02 | $807.21 | $35,248.59 | $8,599.41 |

| 小計 | 小計(6)～(8) | | $157,662.85 | 小計(9)～(10) | $43,848.00 |
|---|---|---|---|---|---|
| 合計 | 合計F(6)～(10) | | $201,510.85 | | |

| 合計Fに対する構成比率 | (6) | 74.73% | (7) | 3.11% | (8) | 0.40% | (9) | 17.49% | (10) | 4.27% |
|---|---|---|---|---|---|---|---|---|---|---|
| | (6)～(8) | | | 78.24% | | | (9)～(10) | | 21.76% | |

### ビジネス計算 (p.85〜86)

(1) $¥202 \times \dfrac{£47.50}{£1} = \underline{¥9,595}$

キー操作 (5/4, 0)

202 ⊠ 47.5 ⊟

(2) $¥670,000 \times 0.019 \times \dfrac{7}{12} = \underline{¥7,426}$

キー操作 (5/4, 0)

670000 ⊠ 1.9 % ⊠ 7 ⊟ 12 ⊟

(3) $¥7,500 \div 10 \times 270 \times (1+0.16)$
$= \underline{¥234,900}$

キー操作 (5/4, 0)

7500 ⊟ 10 ⊠ 270 ⊠ 1.16 ⊟

(4) $0.9144\text{m} \times \dfrac{570\text{yd}}{1\text{yd}} = \underline{521\text{m}}$

キー操作 (5/4, 0)

⊡ 9144 ⊠ 570 ⊟

(5) $\$1 \times \dfrac{¥783}{¥108} = \underline{\$7.25}$

キー操作 (5/4, ADD2)

783 ⊟ 108 ⊟

(6) $¥830,000 \times (1-0.16) = \underline{¥697,200}$

キー操作 (5/4, 0)

830000 ⊠ 16 % ⊟

(7) $¥536,000 \div 0.8 = \underline{¥670,000}$

キー操作 (5/4, 0)

536000 ⊟ ⊡ 8 ⊟

(8) $¥109 \times \dfrac{\$90.20}{\$1} = \underline{¥9,832}$

キー操作 (5/4, 0)

109 ⊠ 90.2 ⊟

(9) $¥984,000 \div ¥2,400 = \underline{410個}$

キー操作 (5/4, 0)

984000 ⊟ 2400 ⊟

(10) $1\text{lb} \times \dfrac{380\text{kg}}{0.4536\text{kg}} = \underline{838\text{lb}}$

キー操作 (5/4, 0) 380 ⊟ ⊡ 4536 ⊟

(11) 10月3日〜12月24日＝82日（片落とし）

$¥300,000 \times 0.032 \times \dfrac{82}{365} + ¥300,000$

$= \underline{¥302,157}$

キー操作 (5/4, 0)

300000 M+ ⊠ 3.2 % ⊠ 82 ⊟ 365 M+ MR

(12) $(¥591,700 + ¥23,300) \times (1+0.22)$
$= \underline{¥750,300}$

キー操作 (5/4, 0)

591700 ⊞ 23300 ⊠ 22 % ⊞

(13) $¥370,000 \times (1+0.3) = \underline{¥481,000}$

キー操作 (5/4, 0)

370000 ⊠ ⊡ 3 ⊞ 370000 ⊟

または 370000 ⊠ 1.3 ⊟

(14) $1米トン \times \dfrac{63,000\text{kg}}{907.2\text{kg}} = \underline{69米トン}$

キー操作 (5/4, 0)

63000 ⊟ 907.2 ⊟

(15) $(¥60,000 - ¥45,000) \div ¥60,000 = 0.25$
$\underline{25\%}$

キー操作 (5/4, 0)

60000 ⊟ 45000 ⊟ 60000 %

(16) $¥295,000 \times 0.34 = \underline{¥100,300}$

キー操作 (5/4, 0)

295000 ⊠ ⊡ 34 ⊟

(17) $¥73,000 \times 0.021 \times \dfrac{85}{365} + ¥73,000 = \underline{¥73,357}$

キー操作 (5/4, 0)

73000 M+ ⊠ 2.1 % ⊠ 85 ⊟ 365 M+ MR

(18) $0.4536\text{kg} \times \dfrac{460\text{lb}}{1\text{lb}} = \underline{209\text{kg}}$

キー操作 (5/4, 0)

⊡ 4536 ⊠ 460 ⊟

(19) $£/ \times \dfrac{\cancel{¥}8,620}{\cancel{¥}20/} = £42.89$

キー操作 (5/4, ADD 2)

$8620 \div 20/ =$

(20) $¥/06,250 \div ¥625,000 = 0.17 \quad \underline{17\%}$

キー操作 (5/4, 0)

$/06250 \div 625000 \%$

## 2級編

### 第1章 ビジネス計算

#### ① 3級に準じる計算

**基本問題1 (p.87)**

(1) $(¥240,000 + ¥80,000) \times 0.3 = \underline{¥96,000}$

(2) $(¥860,000 + ¥30,000) \times (/ + 0.2)$
   $= \underline{¥/,068,000}$

**基本問題2 (p.87)**

(1) $¥80,000 \times (/ + 0.2) \times (/ - 0.3)$
   $= \underline{¥67,200}$

(2) $(¥70,000 + ¥3,000) \times 0.25 = \underline{¥/8,250}$

(3) $¥90,000 \times (/ + 0.3) - ¥2,000$
   $= \underline{¥//5,000}$

**基本問題3 (p.88)**

(1) $¥308,000 \times (/ + 0.25) = ¥385,000$
   よって $¥46,200 \div ¥385,000 = 0./2$
   $\underline{/2\%}$

(2) $¥400,000 \times (/ + 0.45) = ¥580,000$
   よって $¥92,800 \div ¥580,000 = 0./6$
   $\underline{/6\%}$

**基本問題4 (p.88)**

(1) $¥/09 \times 7.50 \times 520 = \underline{¥425,/00}$

(2) $¥/89 \times 4.30 \times 290 = \underline{¥235,683}$

(3) $¥/33 \times 9./0 \times 390 = \underline{¥472,0/7}$

**基本問題5 (p.89)**

(1) $¥3,600 \times \dfrac{/0\text{kg}}{0.4536\text{kg}} = \underline{¥79,365}$

キー操作 ラウンドセレクターを5/4, 小数点セレクターを0にセット $3600 \times /0 \div 0.4536 =$

(2) $¥4,800 \times \dfrac{/00\text{L}}{4.546\text{L}} = \underline{¥/05,587}$

キー操作 ラウンドセレクターを5/4, 小数点セレクターを0にセット $4800 \times /00 \div 4.546 =$

(3) $\dfrac{¥37,500}{/0} \times \dfrac{60\text{kg}}{907.2\text{kg}} = \underline{¥248}$

キー操作 ラウンドセレクターを5/4, 小数点セレクターを0にセット

$37500 \div /0 \times 60 \div 907.2 =$

(4) $\dfrac{¥82,000}{/00} \times \dfrac{/0\text{m}}{0.9/44\text{m}} = \underline{¥8,968}$

キー操作 ラウンドセレクターを5/4, 小数点セレクターを0にセット

$82000 \div /00 \times /0 \div 9/44 =$

(5) $¥2,900 \times \dfrac{60\text{L}}{3.785\text{L}} = \underline{¥45,97/}$

キー操作 ラウンドセレクターを5/4, 小数点セレクターを0にセット $2900 \times 60 \div 3.785 =$

(6) $\dfrac{¥67,/00}{/0} \times \dfrac{50\text{kg}}{/,0/6\text{kg}} = \underline{¥330}$

キー操作 ラウンドセレクターを5/4, 小数点セレクターを0にセット

$67/00 \div /0 \times 50 \div /0/6 =$

**練習問題1 (p.89〜90)**

(1) $¥964,000 \times (/ + 0./85) = \underline{¥/,/42,340}$
   キー操作
   $/ + \cdot /85 \times 964000 =$

(2) $¥/22,850 \div ¥/82,000 = 0.675 \quad \underline{67.5\%}$
   キー操作
   $/22850 \div /82000 \%$

(3) $¥2,832,030 \div (/ - 0.082) = \underline{¥3,085,000}$
   キー操作
   $/ - \cdot 082 \cdot \div 2832030 =$
   〔S型機種〕 $/ - \cdot 082 = 2832030 \div GT =$

(4) $¥756,600 - ¥485,000 = ¥27/,600$
   $¥27/,600 \div ¥485,000 = 0.56$
   $\underline{5割6分増し}$
   キー操作
   $756600 - 485000 \div 485000 =$

(5) $¥5,238,960 \div (/ + 0.245) = \underline{¥4,208,000}$
   キー操作
   $/ + \cdot 245 \div 5238960 =$
   〔S型機種〕 $/ + \cdot 245 = 5238960 \div GT =$

(6) $¥62,500 \times (/ - 0./36) = \underline{¥54,000}$
   キー操作
   $/ - \cdot /36 \times 62500 =$

(7) $¥874,000 - ¥738,530 = ¥/35,470$
   $¥/35,470 \div ¥874,000 = 0./55$
   $\underline{/5.5\%引き}$

キー操作
　874000⊟738530÷874000%

(8) ¥3,906,000÷0.225 = ¥17,360,000
　キー操作
　3906000÷·225=

## 練習問題2 （p.90）

(1) ¥837,800÷(1+0.42) = ¥590,000
　キー操作
　1⊞·42÷837800=
　〔S型機種〕 1⊞·42Ｍ837800÷ＲＭ=

(2) (¥650,000+¥105,000)×(1-0.12)
　=¥664,400
　キー操作
　650000⊞105000×12%⊟
　〔S型機種〕
　1⊟·12Ｍ650000⊞105000×ＲＭ=

(3) ¥5,300÷10×140+¥15,600=¥89,800
　キー操作
　5300÷10×140⊞15600=

(4) (¥567,000-¥420,000)÷¥420,000
　=0.35　35%
　キー操作
　567000⊟420000÷420000%

(5) ¥573,000×(1+0.27) = ¥727,710
　キー操作
　573000×27%⊞
　〔S型機種〕 573000⊞27%

(6) (¥450×400+¥15,000)×0.16
　=¥31,200
　キー操作
　450×400⊞15000×16%

(7) (¥670,000-¥455,600)÷¥670,000
　=0.32　32%
　キー操作
　670000⊟455600÷670000%

(8) ¥920,000×(1-0.28) = ¥662,400
　キー操作
　1⊟·28×920000=
　〔S型機種〕 1⊟·28Ｍ920000×ＲＭ=

(9) (¥380,000+¥85,200)×0.25
　=¥116,300
　キー操作
　380000⊞85200×25%

(10) (¥760×¥320+¥4,800)×(1+0.34)
　=¥332,320
　キー操作
　760×320⊞4800×·34=
　または1⊞·34Ｍ760×320⊞4800×ＭＲ=

(11) ¥290,000×(1+0.32)×(1-0.25)
　=¥287,100
　キー操作
　290000×32%⊞×25%⊟
　〔S型機種〕290000⊞32%⊟25%

(12) ¥243,200×(1+0.25) = ¥304,000
　よって¥94,240÷¥304,000=0.31　31%
　キー操作
　243200×25%⊞÷94240%
　〔S型機種〕 243200⊞25%Ｍ94240÷
　ＲＭ%

## 練習問題3 （p.91）

(1) $1× $\dfrac{¥53,200}{¥108}$ = $492.59

(2) ¥131× $\dfrac{€609.40}{€1}$ = ¥79,831

(3) £1× $\dfrac{¥86,500}{¥196}$ = £441.33

(4) 0.9144m× $\dfrac{2,700\text{yd}}{1\text{yd}}$ = 2,469m

(5) 1lb× $\dfrac{1,800\text{kg}}{0.4536\text{kg}}$ = 3,968lb

(6) 1米ガロン× $\dfrac{6,300\text{L}}{3.785\text{L}}$ = 1,664米ガロン

## 練習問題4 （p.91）

(1) ¥197×5.20×760=¥778,544
　キー操作　197×5.2×760=

(2) ¥112×9.80×410=¥450,016
　キー操作　112×9.8×410=

(3) ¥133×3.70×650=¥319,865
　キー操作　133×3.7×650=

(4) ¥108×8.20×940=¥832,464
　キー操作　108×8.2×940=

(5) ¥194×6.90×830=¥1,111,038
　キー操作　194×6.9×830=

## ②利息の計算

### 基本問題1 （p.92）

(1) ¥63,600×12÷(0.053×30)

$=¥480,000$

またば $¥63,600÷(0.053×2.5)$

$=¥480,000$

(2) $¥10,800×365÷(0.045×120)$

$=¥730,000$

(3) $¥29,820×12÷(0.071×8)=¥630,000$

(4) 3月15日～8月8日＝146日（片落とし）

$¥17,472×365÷(0.084×146)$

$=¥520,000$

またば $¥17,472÷(0.084×0.4)$

$=¥520,000$

(5) $¥92,610×12÷(0.063×21)$

$=¥840,000$

またば $¥92,610÷(0.063×1.75)$

$=¥840,000$

**基本問題2（p.93）**

(1) $¥70,560×12÷(¥480,000×28)$

　$=0.063$　<u>6.3%</u>

(2) $¥28,080×365÷(¥650,000×292)$

　$=0.054$　<u>5.4%</u>

　またば $¥28,080÷(¥650,000×0.8)$

　$=0.054$

(3) $¥49,920×12÷(¥960,000×8)$

　$=0.078$　<u>7.8%</u>

(4) 2月15日～4月28日＝73日（うるう年，片落とし）

　$(29-15+31+28=73)$

　$¥7,104×365÷(¥370,000×73)$

　$=0.096$　<u>9.6%</u>

　またば $¥7,104÷(¥370,000×0.2)$

　$=0.096$

(5) $¥159,900×12÷(¥520,000×45)$

　$=0.082$　<u>8.2%</u>

　またば $¥159,900÷(¥520,000×3.75)$

　$=0.082$

**基本問題3（p.94）**

(1) $¥59,200×12÷(¥370,000×0.064)$

　$=30$　<u>2年6か月（間）</u>

(2) $¥20,880×365÷(¥580,000×0.073)$

　$=180$　<u>180日（間）</u>

(3) $¥32,625×12÷(¥750,000×0.058)$

　$=9$　<u>9か月（間）</u>

(4) $¥27,648×365÷(¥876,000×0.048)$

$=240$　<u>240日（間）</u>

(5) $¥67,445×12÷(¥940,000×0.041)$

　$=21$　<u>1年9か月（間）</u>

**練習問題（p.95）**

※（F）とはラウンドセレクターをF〔S型機種は小数点セレクター〕にあわせることを示す。

(1) $¥4,800,000×0.0.54×\dfrac{9}{12}$

　$=¥194,400$

　またば $¥4,800,000×0.054×0.75$

　$=¥194,400$

　キー操作（CUT，0）

　　4800000⊠・054⊠9÷12＝

　　またば　4800000⊠・054⊠・75＝

(2) $¥3,700,000×0.038×\dfrac{150}{365}$

　$=¥57,780$

　キー操作（CUT，0）

　　3700000⊠・038⊠150÷365＝

(3) 3月15日～7月15日＝122日（片落とし）

　$¥2,500,000×0.065×\dfrac{122}{365}$

　$=¥54,315$

　キー操作（CUT，0）

　　2500000⊠・065⊠122÷365＝

(4) $¥6,900,000×0.043×\dfrac{30}{12}$

　$=¥741,750$

　$¥6,900,000+¥741,750$

　$=¥7,641,750$

　またば $¥6,900,000×(1+0.043×2.5)$

　$=¥7,641,750$

　キー操作（CUT，0）

　　6900000M+⊠・043⊠30÷12M+MR

(5) $¥5,400,000×0.089×\dfrac{90}{365}$

　$=¥118,504$

　$¥5,400,000+¥118,504=¥5,518,504$

　キー操作（CUT，0）

　　5400000M+⊠・089⊠90÷365M+MR

(6) 1月14日～10月11日＝270日（片落とし）

　$¥2,100,000×0.037×\dfrac{270}{365}$

= ¥57,476
¥2,100,000 + ¥57,476 = ¥2,157,476
キー操作（CUT, 0）
　2100000 Ⅿ⁺ × ·037 × 270 ÷ 365 Ⅿ⁺ ⅯⓇ

(7) ¥36,000 × 365 ÷ (0.073 × 240)
= ¥750,000
キー操作（F）
　36000 × 365 ÷ ·073 ÷ 240 =

(8) ¥23,808 × 365 ÷ (¥930,000 × 0.064)
= 146　146日（間）
キー操作（F）
　23808 × 365 ÷ 930000 ÷ ·064 =

(9) ¥141,120 × 12 ÷ (¥720,000 × 0.084)
= 28　2年4か月（間）
キー操作（F）
　141120 × 12 ÷ 720000 ÷ ·084 =

(10) 6月29日〜9月27日 = 90日（片落とし）
¥11,880 × 365 ÷ (¥876,000 × 90)
= 0.055　5.5%
キー操作（F）
　11880 × 365 ÷ 876000 ÷ 90 %

(11) ¥154,700 × 12 ÷ (0.068 × 42)
= ¥650,000
または ¥154,700 ÷ (0.068 × 3.5)
= ¥650,000
キー操作（F）
　154700 × 12 ÷ ·068 ÷ 42 =
　または 154700 ÷ ·068 ÷ 3.5 =

(12) ¥209,250 × 12 ÷ (¥540,000 × 0.075)
= 62　5年2か月（間）
キー操作（F）
　209250 × 12 ÷ 540000 ÷ ·075 =

③手形割引の計算
基本問題1（p.96）
(1) $¥700,000 × 0.06 × \dfrac{48}{365} = ¥5,523$
(2) $¥480,000 × 0.045 × \dfrac{34}{365} = ¥2,012$

基本問題2（p.97）
(1) 5月7日〜6月30日 = 55日（両端入れ）
$¥390,000 × 0.045 × \dfrac{55}{365} = ¥2,644$
(2) 6月5日〜8月20日 = 77日（両端入れ）

$¥960,000 × 0.035 × \dfrac{77}{365} = ¥7,088$

基本問題3（p.97）
(1) $¥480,000 × 0.055 × \dfrac{63}{365} = ¥4,556$
$¥480,000 - ¥4,556 = ¥475,444$
(2) $¥920,000 × 0.0475 × \dfrac{28}{365} = ¥3,352$
$¥920,000 - ¥3,352 = ¥916,648$

基本問題4（p.98）
(1) 7月1日〜9月30日 = 92日（両端入れ）
$¥860,000 × 0.04 × \dfrac{92}{365} = ¥8,670$
$¥860,000 - ¥8,670 = ¥851,330$
(2) 2月9日〜3月10日 = 30日（両端入れ）
$¥480,000 × 0.035 × \dfrac{30}{365} = ¥1,380$
$¥480,000 - ¥1,380 = ¥478,620$

練習問題1（p.98）
(1) 4月25日〜6月18日 = 55日（両端入れ）
$¥847,000 × 0.045 × \dfrac{55}{365} = ¥5,743$
$¥847,000 - ¥5,743 = ¥841,257$
キー操作（CUT, 0）
　847000 Ⅿ⁺ × ·045 × 55 ÷ 365 (=) Ⅿ⁻ ⅯⓇ
　または 847000 Ⅿ⁺ × 4.5 % × 55 ÷ 365
　(=) Ⅿ⁻ ⅯⓇ

(2) $¥650,000 × 0.0525 × \dfrac{68}{365} = ¥6,357$
キー操作（CUT, 0）
　650000 × ·0525 × 68 ÷ 365 =
　または 650000 × 5.25 % × 68 ÷ 365 =

(3) 6月24日〜9月10日 = 79日（両端入れ）
$¥710,000 × 0.03 × \dfrac{79}{365} = ¥4,610$
キー操作（CUT, 0）
　710000 × ·03 × 79 ÷ 365 =
　または 710000 × 3 % × 79 ÷ 365 =

(4) $¥492,000 × 0.065 × \dfrac{80}{365} = ¥7,009$
$¥492,000 - ¥7,009 = ¥484,991$
キー操作（CUT, 0）
　492000 Ⅿ⁺ × ·065 × 80 ÷ 365 (=) Ⅿ⁻ ⅯⓇ

または　492000Ⓜ⊞×6.5%×80÷365(=)Ⓜ⊟ⓂⓇ

**練習問題2（p.99）**

(1)　¥370,000×0.025×$\dfrac{59}{365}$=¥1,495

キー操作（CUT，0）
370000×.025×59÷365=
または　370000×2.5%×59÷365=

(2)　5月8日～8月1日=86日（両端入れ）

¥269,000×0.075×$\dfrac{86}{365}$=¥4,753

¥269,000-¥4,753=¥264,247
キー操作（CUT，0）
269000Ⓜ⊞×.075×86÷365(=)Ⓜ⊟ⓂⓇ
または　269000Ⓜ⊞×7.5%×86÷365
(=)Ⓜ⊟ⓂⓇ

(3)　9月30日～12月30日=92日（両端入れ）

¥190,000×0.0675×$\dfrac{92}{365}$=¥3,232

キー操作（CUT，0）
190000×.0675×92÷365=
または　190000×6.75%×92÷365=

(4)　¥430,000×0.06×$\dfrac{54}{365}$=¥3,816

¥430,000-¥3,816=¥426,184
キー操作（CUT，0）
430000Ⓜ⊞×.06×54÷365(=)Ⓜ⊟ⓂⓇ
または　430000Ⓜ⊞×6%×54÷365(=)
Ⓜ⊟ⓂⓇ

(5)　7月10日～9月11日=64日（両端入れ）

¥280,000×0.07×$\dfrac{64}{365}$=¥3,436

キー操作（CUT，0）
280000×.07×64÷365=
または　280000×7%×64÷365=

(6)　¥390,000×0.0425×$\dfrac{58}{365}$=¥2,633

¥390,000-¥2,633=¥387,367
キー操作（CUT，0）
390000Ⓜ⊞×.0425×58÷365(=)Ⓜ⊟ⓂⓇ
または　390000Ⓜ⊞×4.25%×58÷
365(=)Ⓜ⊟ⓂⓇ

(7)　4月13日～6月21日=70日（両端入れ）

¥620,000×0.035×$\dfrac{70}{365}$=¥4,161

¥620,000-¥4,161=¥615,839
キー操作（CUT，0）
620000Ⓜ⊞×.035×70÷365(=)Ⓜ⊟ⓂⓇ
または　620000Ⓜ⊞×3.5%×70÷365
(=)Ⓜ⊟ⓂⓇ

(8)　¥820,000×0.045×$\dfrac{67}{365}$=¥6,773

キー操作（CUT，0）
820000×.045×67÷365=
または　820000×4.5%×67÷365=

**④仲立人の手数料に関する計算**

**基本問題1（p.100）**
(1)　¥3,800,000×0.026=¥98,800
(2)　¥5,900,000×0.029=¥171,100

**基本問題2（p.100）**
(1)　¥1,800,000×0.023=¥41,400
(2)　¥6,500,000×0.034=¥221,000

**練習問題1（p.101）**
(1)　¥3,200,000×0.028=¥89,600
キー操作（F）
3200000×.028=
または　3200000×2.8%

(2)　¥4,100,000×0.037=¥151,700
キー操作（F）
4100000×.037=
または　4100000×3.7%

(3)　¥7,650,000×0.032=¥244,800
キー操作（F）
7650000×.032=
または　7650000×3.2%

(4)　¥5,400,000×0.027=¥145,800
キー操作（F）
5400000×.027=
または　5400000×2.7%

(5)　¥7,520,000×0.026=¥195,520
キー操作（F）
7520000×.026=
または　7520000×2.6%

(6)　¥2,860,000×0.017=¥48,620
キー操作（F）
2860000×.017=

または　$2860000 × 1.7\%$

(7)　$¥4,860,000 × 0.033 = \underline{¥160,380}$

　　キー操作（F）

　　$4860000 × .033 =$

　　または　$4860000 × 3.3\%$

## 基本問題3（p.101）

(1)　$¥3,600,000 × (0.024 + 0.024) = \underline{¥172,800}$

(2)　$¥7,400,000 × (0.025 + 0.018) = \underline{¥318,200}$

(3)　$¥1,890,000 × (0.061 + 0.061) = \underline{¥230,580}$

## 基本問題4（p.102）

(1)　$¥8,400,000 × (1 - 0.019) = \underline{¥8,240,400}$

(2)　$¥3,700,000 × (1 - 0.026) = \underline{¥3,603,800}$

(3)　$¥7,620,000 × (1 - 0.044) = \underline{¥7,284,720}$

## 基本問題5（p.102）

(1)　$¥2,500,000 × (1 + 0.032) = \underline{¥2,580,000}$

(2)　$¥4,800,000 × (1 + 0.019) = \underline{¥4,891,200}$

(3)　$¥9,360,000 × (1 + 0.028) = \underline{¥9,622,080}$

## 練習問題2（p.103）

(1)　$¥3,750,000 × (0.031 + 0.037)$

　　$= \underline{¥255,000}$

　　キー操作（F）

　　$.031 + .037 × 3750000 =$

(2)　$¥7,240,000 × (1 + 0.043) = \underline{¥7,551,320}$

　　キー操作（F）

　　$7240000 × 4.3\% +$

　　〔S型はさらに $=$ を押す〕

(3)　$¥6,310,000 × (1 - 0.029) = \underline{¥6,127,010}$

　　キー操作（F）

　　$6310000 × 2.9\% -$

　　〔S型はさらに $=$ を押す〕

(4)　$¥1,830,000 × (0.042 + 0.047)$

　　$= \underline{¥162,870}$

　　キー操作（F）

　　$.042 + .047 × 1830000 =$

(5)　$¥5,160,000 × (1 - 0.038) = \underline{¥4,963,920}$

　　キー操作（F）

　　$5160000 × 3.8\% -$

　　〔S型はさらに $=$ を押す〕

(6)　$¥8,420,000 × (1 + 0.026) = \underline{¥8,638,920}$

　　キー操作（F）

　　$8420000 × 2.6\% +$

　　〔S型はさらに $=$ を押す〕

(7)　$¥2,870,000 × (1 - 0.037) = \underline{¥2,763,810}$

　　キー操作（F）

　　$2870000 × 3.7\% -$

　　〔S型はさらに $=$ を押す〕

(8)　$¥4,580,000 × (0.052 + 0.052)$

　　$= \underline{¥476,320}$

　　キー操作（F）

　　$.052 + .052 × 4580000 =$

　　または　$.052 × 2 × 4580000 =$

(9)　$¥6,730,000 × (1 + 0.016) = \underline{¥6,837,680}$

　　キー操作（F）

　　$6730000 × 1.6\% +$

　　〔S型はさらに $=$ を押す〕

(10)　$¥1,650,000 × (1 - 0.018) = \underline{¥1,620,300}$

　　キー操作（F）

　　$1650000 × 1.8\% -$

　　〔S型はさらに $=$ を押す〕

(11)　$¥5,920,000 × (1 + 0.035) = \underline{¥6,127,200}$

　　キー操作（F）

　　$5920000 × 3.5\% +$

　　〔S型はさらに $=$ を押す〕

(12)　$¥7,180,000 × (0.028 + 0.026)$

　　$= \underline{¥387,720}$

　　キー操作（F）

　　$.028 + .026 × 7180000 =$

## ⑤複利の計算

## 基本問題1（p.104）

(1)　複利終価表6%8期の複利終価率 $1.59384807$

　　$¥300,000 × 1.59384807 = \underline{¥478,154}$

(2)　複利終価表5%10期の複利終価率 $1.62889463$

　　$¥600,000 × 1.62889463 = \underline{¥977,337}$

(3)　複利終価表3.5%7期の複利終価率 $1.27227926$

　　$¥800,000 × 1.27227926 = \underline{¥1,017,823}$

## 基本問題2（p.105）

(1)　複利終価表3%6期の複利終価率 $1.19405230$

　　$¥700,000 × 1.19405230 = \underline{¥835,837}$

(2)　複利終価表4.5%9期の複利終価率 $1.48609514$

　　$¥300,000 × 1.48609514 = \underline{¥445,829}$

(3)　複利終価表4%12期の複利終価率 $1.60103222$

　　$¥600,000 × 1.60103222 = \underline{¥960,619}$

## 基本問題3（p.105）

(1)　複利終価表7%13期の複利終価率 $2.40984500$

　　$¥400,000 × 2.40984500 - ¥400,000$

　　$= \underline{¥563,938}$

(2) 複利終価表4%8期の複利終価率/.36856905

　　¥700,000×/.36856905-¥700,000

　　=¥257,998

(3) 複利終価表3%/5期の複利終価率/.55796742

　　¥800,000×/.55796742-¥800,000

　　=¥446,374

## 基本問題4（p.106）

(1) 複利現価表7%6期の複利現価率0.66634222

　　¥300,000×0.66634222=¥199,903

(2) 複利現価表6%8期の複利現価率0.6274/237

　　¥700,000×0.6274/237=¥439,189

(3) 複利現価表4%7期の複利現価率0.7599/78/

　　¥400,000×0.7599/78/=¥303,967

(4) 複利現価表3.5%9期の複利現価率0.73373097

　　¥200,000×0.73373097=¥146,800

(5) 複利現価表4.5%/2期の複利現価率0.58966386

　　¥600,000×0.58966386=¥353,800

## 基本問題5（p.107）

(1) 複利現価表4%/4期の複利現価率0.57747508

　　¥300,000×0.57747508=¥173,243

(2) 複利現価表4.5%/2期の複利現価率0.58966386

　　¥500,000×0.58966386=¥294,832

(3) 複利現価表3.5%6期の複利現価率0.8/350064

　　¥200,000×0.8/350064=¥162,700

(4) 複利現価表2.5%//期の複利現価率0.762/4478

　　¥900,000×0.762/4478=¥685,900

(5) 複利現価表3%/5期の複利現価率0.64/86/95

　　¥300,000×0.64/86/95=¥192,600

## 練習問題（p.108）

(1) 複利終価表4%9期の複利終価率/.4233/18/

　　¥7/0,000×/.4233/18/=¥1,0/0,55/

(2) 複利終価表4%/5期の複利終価率/.8009435/

　　¥840,000×/.8009435/=¥1,5/2,793

(3) 複利現価表3%/3期の複利現価率0.68095/34

　　¥4,500,000×0.68095/34=¥3,064,300

(4) 複利終価表3.5%/2期の複利終価率/.5//06866

　　¥580,000×（/.5//06866-/）=¥296,420

(5) 複利現価表5%/0期の複利現価率0.6/39/325

　　¥980,000×0.6/39/325=¥60/,635

(6) 複利終価表4.5%9期の複利終価率/.486095/4

　　¥630,000×/.486095/4=¥936,300

(7) 複利現価表2.5%8期の複利現価率0.82074657

　　¥290,000×0.82074657=¥238,000

(8) 複利終価表3%7期の複利終価率/.22987387

　　¥850,000×（/.22987387-/）=¥195,393

(9) 複利終価表4.5%6期の複利終価率/.302260/2

　　¥780,000×/.302260/2=¥1,0/5,763

(10) 複利現価表3.5%9期の複利現価率0.73373097

　　¥780,000×0.73373097=¥572,300

(11) 複利終価表4.5%7期の複利終価率/.36086/83

　　¥870,000×（/.36086/83-/）=¥3/3,950

## ⑥減価償却費の計算

## 基本問題1（p.109）

(1) ¥5,400,000×0.032=¥172,800

(2) ¥2,700,000×0.084=¥226,800

(3) ¥8,600,000×0.039=¥335,400

## 基本問題2（p.110～111）

(1)

| 期数 | 期首帳簿価額 | 償却限度額 | 減価償却累計額 |
|---|---|---|---|
| / | 6,200,000 | 285,200 | 285,200 |
| 2 | 5,9/4,800 | 285,200 | 570,400 |
| 3 | 5,629,600 | 285,200 | 855,600 |
| 4 | 5,344,400 | 285,200 | /,/40,800 |

(2)

| 期数 | 期首帳簿価額 | 償却限度額 | 減価償却累計額 |
|---|---|---|---|
| 1 | 2,500,000 | 157,500 | 157,500 |
| 2 | 2,342,500 | 157,500 | 315,000 |
| 3 | 2,185,000 | 157,500 | 472,500 |
| 4 | 2,027,500 | 157,500 | 630,000 |

(3)

| 期数 | 期首帳簿価額 | 償却限度額 | 減価償却累計額 |
|---|---|---|---|
| 1 | 4,600,000 | 156,400 | 156,400 |
| 2 | 4,443,600 | 156,400 | 312,800 |
| 3 | 4,287,200 | 156,400 | 469,200 |
| 4 | 4,130,800 | 156,400 | 625,600 |

(4)

| 期数 | 期首帳簿価額 | 償却限度額 | 減価償却累計額 |
|---|---|---|---|
| 1 | 5,920,000 | 248,640 | 248,640 |
| 2 | 5,671,360 | 248,640 | 497,280 |
| 3 | 5,422,720 | 248,640 | 745,920 |
| 4 | 5,174,080 | 248,640 | 994,560 |

**基本問題3（p.112）**

(1) $¥9,300,000 × 0.072 × 9 = \underline{¥6,026,400}$

(2) $¥5,600,000 × 0.044 × 18 = \underline{¥4,435,200}$

(3) $¥3,800,000 × 0.035 × 24 = \underline{¥3,192,000}$

(4) $¥8,560,000 × 0.033 × 20 = \underline{¥5,649,600}$

**基本問題4（p.113）**

(1) $¥2,900,000 × 0.031 × 28 = ¥2,517,200$
$¥2,900,000 - ¥2,517,200 = \underline{¥382,800}$

(2) $¥8,200,000 × 0.059 × 11 = ¥5,321,800$
$¥8,200,000 - ¥5,321,800 = \underline{¥2,878,200}$

(3) $¥7,400,000 × 0.067 × 7 = ¥3,470,600$
$¥7,400,000 - ¥3,470,600 = \underline{¥3,929,400}$

(4) $¥4,350,000 × 0.039 × 16 = ¥2,714,400$
$¥4,350,000 - ¥2,714,400 = \underline{¥1,635,600}$

練習問題（p.114）

(1) 定額法の償却率　耐用年数36年　0.028

¥7,240,000×0.028＝¥202,720

¥202,720×16＝<u>¥3,243,520</u>

キー操作

7240000☒⚫028☐202720☒16☐

(2) 定額法の償却率　耐用年数14年　0.072

¥4,620,000×0.072＝¥332,640

¥332,640×7＝¥2,328,480

¥4,620,000－¥2,328,480＝<u>¥2,291,520</u>

キー操作

4620000☒⚫072☐332640☒7☐

2328480Ⓜ4620000☐ⓇⒷ☐

(3) 定額法の償却率　耐用年数16年　0.063

¥2,560,000×0.063＝¥161,280

¥161,280×9＝<u>¥1,451,520</u>

キー操作

2560000☒⚫063＝161280☒9☐

(4) 定額法の償却率　耐用年数23年　0.044

¥3,950,000×0.044＝¥173,800

¥173,800×20＝¥3,476,000

¥3,950,000－¥3,476,000＝<u>¥474,000</u>

キー操作

3950000☒⚫044＝173800☒20☐

3476000Ⓜ3950000☐ⓇⒷ☐

(5) 定額法の償却率　耐用年数19年　0.053

¥8,140,000×0.053＝¥431,420

¥431,420×17＝¥7,334,140

¥8,140,000－¥7,334,140＝<u>¥805,860</u>

キー操作

8140000☒⚫053＝431420☒17☐

7334140Ⓜ8140000☐ⓇⒷ☐

(6) 定額法の償却率　耐用年数28年　0.036

¥4,730,000×0.036＝¥170,280

¥4,730,000－¥170,280＝¥4,559,720

¥4,559,720－¥170,280＝¥4,389,440

¥4,389,440－¥170,280＝¥4,219,160

¥170,280＋¥170,280＝¥340,560

¥340,560＋¥170,280＝¥510,840

¥510,840＋¥170,280＝¥681,120

キー操作

4730000☒⚫036＝170280Ⓜ

170280☐4730000☐4559720☐4389440☐4219160

Ⓡ☐☐☐340560☐510840☐681120

| 期数 | 期首帳簿価額 | 償却限度額 | 減価償却累計額 |
|---|---|---|---|
| 1 | 4,730,000 | 170,280 | 170,280 |
| 2 | 4,559,720 | 170,280 | 340,560 |
| 3 | 4,389,440 | 170,280 | 510,840 |
| 4 | 4,219,160 | 170,280 | 681,120 |
|  |  |  |  |

(7) 定額法の償却率　耐用年数 /3年　0.077

¥2,450,000×0.077＝¥188,650

¥2,450,000－¥188,650＝¥2,261,350

¥2,261,350－¥188,650＝¥2,072,700

¥2,072,700－¥188,650＝¥1,884,050

¥188,650＋¥188,650＝¥377,300

¥377,300＋¥188,650＝¥565,950

¥565,950＋¥188,650＝¥754,600

キー操作

2450000 ⊠ ⊡ 077 ＝ 188650 Ｍ⊞

188650 ⊟ ⊟ 2450000 ⊟ 2261350 ⊟ 2072700 ⊟ 1884050

ＭＲ ⊞ ⊞ 377300 ⊟ 565950 ⊟ 754600

| 期数 | 期 首 帳 簿 価 額 | 償 却 限 度 額 | 減 価 償 却 累 計 額 |
|---|---|---|---|
| 1 | 2,450,000 | 188,650 | 188,650 |
| 2 | 2,261,350 | 188,650 | 377,300 |
| 3 | 2,072,700 | 188,650 | 565,950 |
| 4 | 1,884,050 | 188,650 | 754,600 |

31

(1) 複利現価率（4.5%，12期）0.58966386

¥2,980,000×0.58966386＝¥1,757,198

¥1,757,200

キー操作（Ｆ）

　　・58966386×2980000＝

電卓においては¥100未満切り上げの操作ができ

ないので各自行うこと。

(2) 2年3か月＝27か月（2.25年）

$¥7,030,000×0.028×\dfrac{27}{12}＝¥442,890$

（¥7,030,000×0.028×2.25

＝¥442,890）

¥7,030,000＋¥442,890＝¥7,472,890

キー操作（CUT，0）

　　7030000Ｍ＋×2.8％×27÷12Ｍ＋ＭＲ

　　または　7030000Ｍ＋×2.8％×2.25Ｍ＋ＭＲ

(3) （¥5,900×72＋¥13,700）×（1＋0.36）

　　＝¥596,360

キー操作（5/4，0）

　　5900×72＋13700×36％＋

(4) 9月20日〜11月29日＝71日（両端入れ）

$¥390,000×0.045×\dfrac{71}{365}＝¥3,413$

キー操作（CUT，0）

　　390000×4.5％×71÷365＝

(5) 8月10日〜11月24日＝106日（片落とし）

$¥2,940,000×0.00002×\dfrac{106}{365}＝¥17$

キー操作（5/4，0）

　　2940000×・00002×106÷365＝

　　または　2940000×・002％×106÷365＝

(6) （¥2,660,000－¥24,800）÷（¥7,320÷

10）

　　＝3,600m

キー操作（Ｆ）

　　7320÷10Ｍ＋2660000－24800÷ＭＲ＝

(7) ¥520,000×（1＋0.185）×（1－0.1）

　　＝¥554,580

¥554,580－¥520,000＝¥34,580

キー操作（CUT，0）

　　520000×1.185×・9－520000＝

〔Ｓ型〕

キー操作（CUT，0）

　　520000×18・5％＋＝×10％－＝－

　　520000＝

(8) 1月9日〜3月24日＝75日（平年，両端入れ）

$¥410,000×0.0225×\dfrac{75}{365}＝¥1,895$

¥410,000－¥1,895＝¥408,105

キー操作（CUT，0）

　　410000ＭＨ×2.25％×75÷365Ｍ－ＭＲ

(9) $1,016.64kg×\dfrac{85.4英トン}{1英トン}＝86,821kg$

キー操作（5/4，0）

　　1016.64×85.4＝

(10) 1－¥377,280÷¥524,000＝0.28

2割8分

キー操作（Ｆ）

　　377,280÷524000＝1－±

　　または　524000－377280÷524000＝

(11) 減価償却率　耐用年数32年　0.032

¥9,820,000×0.032×17＝¥5,342,080

キー操作（CUT，0）

　　9820000×・032×17＝

(12) $¥3,200×\dfrac{10kg}{0.4536kg}＝¥70,547$

キー操作（5/4，0）

　　3200×10÷・4536＝

(13) ¥676,200÷（1－0.08）＝¥735,000

キー操作（Ｆ）

　　1－・08＝÷676200＝

(14) 利率7%→3.5%　期間6×2＋1→13期

複利終価率（3.5%，13期）1.56395606

¥1,710,000×1.56395606

　　＝¥2,674,365

キー操作（5/4，0）

　　1・56395606×1710000＝

(15) ¥120,064÷0.28÷（1＋0.34）

　　＝¥320,000

キー操作（Ｆ）

　　120064÷・28÷1.34＝

(16) ¥3,460,000×（0.024＋0.025）

　　＝¥169,540

キー操作（F）

⨀024⊞⨀025⨉3460000⊟

(17) ¥98.55 × $\dfrac{\$18.20 \times (680 \div 20)}{\$1}$

= ¥60,983

キー操作（5/4，0）

18.2⨉680÷20⨉98.55⊟

(18) /年4か月＝/6か月

¥720,000 × 利率 × $\dfrac{16}{12}$ = ¥24,960

(20) 減価償却率 耐用年数22年 0.046

¥2,970,000 × 0.046 = ¥136,620 （償却限度額）

よって ¥24,960 × 12 ÷（¥720,000 × 16）

= 0.026 <u>2.6%</u>

キー操作（F）

24960⨉12÷720000÷16%

または 720000⨉16÷12÷24960%

(19) ¥570,000 × 0.055 × $\dfrac{93}{365}$ = ¥7,987

¥570,000 − ¥7,987 = ¥562,013

キー操作（CUT，0）

570000M⊞⨉5.5%⨉93÷365M⊟MR

| 期数 | 期首帳簿価額 | 償却限度額 | 減価償却累計額 |
|---|---|---|---|
| / | 2,970,000 | 136,620 | 136,620 |
| 2 | 2,833,380 | 136,620 | 273,240 |
| 3 | 2,696,760 | 136,620 | 409,860 |
| 4 | 2,560,140 | 136,620 | 546,480 |

## 2級演習問題（その1）

### （A）乗算問題（p.117）

| | | 小計(1)～(3) | | (1) | 70.11% | (1)～(3) | |
|---|---|---|---|---|---|---|---|
| 1 | ¥146,977,663 | | | (2) | 0.01% | | |
| 2 | ¥25,473 | | | (3) | 15.00% | | 85.12% |
| 3 | ¥31,434,513 | ¥178,437,649 | | | | | |
| 4 | ¥68,817 | 小計(4)～(5) | | (4) | 0.03% | (4)～(5) | |
| 5 | ¥31,122,680 | ¥31,191,497 | | (5) | 14.85% | | 14.88% |
| | | 合計A(1)～(5) | | | | | |
| | | ¥209,629,146 | | | | | |

| | | 小計(6)～(8) | | (6) | 0.06% | (6)～(8) | |
|---|---|---|---|---|---|---|---|
| 6 | $774.80 | | | (7) | 96.99% | | |
| 7 | $1,303,716.42 | | | (8) | 0.02% | | 97.06% |
| 8 | $220.70 | $1,304,711.92 | | | | | |
| 9 | $589.78 | 小計(9)～(10) | | (9) | 0.04% | (9)～(10) | |
| 10 | $38,919.47 | $39,509.25 | | (10) | 2.90% | | 2.94% |
| | | 合計B(6)～(10) | | | | | |
| | | $1,344,221.17 | | | | | |

### （B）除算問題（p.118）

| | | 小計(1)～(3) | | (1) | 0.24% | (1)～(3) | |
|---|---|---|---|---|---|---|---|
| 1 | €8.18 | | | (2) | 1.56% | | |
| 2 | €54.03 | | | (3) | 80.80% | | 82.59% |
| 3 | €2,803.63 | €2,865.84 | | | | | |
| 4 | €0.35 | 小計(4)～(5) | | (4) | 0.01% | (4)～(5) | |
| 5 | €603.60 | €603.95 | | (5) | 17.40% | | 17.41% |
| | | 合計C(1)～(5) | | | | | |
| | | €3,469.79 | | | | | |

| | | 小計(6)～(8) | | (6) | 29.68% | (6)～(8) | |
|---|---|---|---|---|---|---|---|
| 6 | ¥3,146 | | | (7) | 15.01% | | |
| 7 | ¥1,591 | | | (8) | 8.98% | | 53.67% |
| 8 | ¥952 | ¥5,689 | | | | | |
| 9 | ¥4,627 | 小計(9)～(10) | | (9) | 43.65% | (9)～(10) | |
| 10 | ¥284 | ¥4,911 | | (10) | 2.68% | | 46.33% |
| | | 合計D(6)～(10) | | | | | |
| | | ¥10,600 | | | | | |

### （C）見取算問題（p.119～120）

| No. | 1 | 2 | 3 | 4 | 5 |
|---|---|---|---|---|---|
| 計 | €9,103.87 | €864,585.97 | €5,891.58 | €2,655,098.25 | €12,738.48 |
| 小計 | 小計(1)～(3) | €879,581.42 | | 小計(4)～(5) €2,667,836.73 | |
| 合計 | 合計E(1)～(5) | €3,547,418.15 | | | |
| 合計Eに対する構成比率 | (1) 0.26% | (2) 24.37% | (3) 0.17% | (4) 74.85% | (5) 0.36% |
| | (1)～(3) 24.79% | | | (4)～(5) 75.21% | |

| No. | 6 | 7 | 8 | 9 | 10 |
|---|---|---|---|---|---|
| 計 | ¥7,983,909 | ¥99,817,602 | ¥118,796,238 | ¥63,919,830 | ¥110,299,878 |
| 小計 | 小計(6)～(8) | ¥226,597,749 | | 小計(9)～(10) ¥174,219,708 | |
| 合計 | 合計F(6)～(10) | ¥400,817,457 | | | |
| 合計Fに対する構成比率 | (6) 1.99% | (7) 24.90% | (8) 29.64% | (9) 15.95% | (10) 27.52% |
| | (6)～(8) 56.53% | | | (9)～(10) 43.47% | |

ビジネス計算 (p.121〜122)

(1) 5月13日〜10月6日＝146日（片落とし）

$$¥5,200,000×0.017×\frac{146}{365}=¥35,360$$

キー操作（CUT，0）

5200000×.7%×146÷365＝

または 5200000×.7%×・4＝

(2) 減価償却率 耐用年数18年 0.056

$$¥6,470,000×0.056×6$$

$$=¥2,173,920$$

$$¥6,470,000-¥2,173,920$$

$$=¥4,296,080$$

キー操作（CUT，0）

6470000×・056×6＝－6470000＝±

(3) 複利終価率（4％，11期）1.53945406

$$¥3,850,000×1.53945406$$

$$=¥5,926,898$$

キー操作（5/4，0）

1・53945406×3850000＝

(4) ¥576,000×(1＋0.32)＝¥760,320

キー操作（CUT，0）

576000×32%＋

(5) ¥7,920,000×(1＋0.021)＝¥8,086,320

キー操作（CUT，0） 7920000×2.1%＋

(6) $$¥3,600×\frac{10kg}{0.4536kg}=¥79,365$$

キー操作（5/4，0）

3600×10÷・4536＝

(7) 利率5％ → 2.5％ 期間 5×2＋1 → 11期

複利現価率（2.5％，11期）0.76214478

$$¥2,160,000×0.76214478=¥1,646,232$$

$$¥1,646,300$$

キー操作（F）

・76214478×2160000＝

電卓においては¥100未満切り上げの操作ができ
ないので各自行うこと。

(8) 5月30日〜7月26日＝58日（両端入れ）

$$¥740,000×0.0475×\frac{58}{365}=¥5,585$$

$$¥740,000-¥5,585=¥734,415$$

キー操作（CUT，0）

740000M+×4.75%×58÷365M-MR

(9) 1年4か月＝16か月

$$¥2,600,000×0.035×\frac{16}{12}=¥121,333$$

キー操作（CUT，0）

2600000×3.5%×16÷12＝

(10) -¥375,820÷¥437,000＝0.14 14％

キー操作（5/4，0）

437000－375820÷437000%

(11) $$¥910,000×0.036×\frac{月数}{12}=¥51,870$$

よって ¥51,870×12

÷(¥910,000×0.036)

＝19 1年7か月

キー操作

51870×12÷910000÷・036＝

または 910000×・036÷12÷

51870＝

(12) 減価償却率 耐用年数35年 0.029

$$¥3,220,000×0.029×16$$

$$=¥1,494,080$$

キー操作（CUT，0）

3220000×・029×16＝

(13) (¥92,000+¥13,000)×(1-0.16)

$$=¥88,200$$

$$¥92,000-¥88,200=¥3,800$$

キー操作

92000＋13000＝×16%－－92000＝±

(14) $$¥108×\frac{\$5.80×170}{\$1}=¥106,488$$

キー操作（5/4，0）

5.8×170×108＝

(15) (¥340×500+¥11,000)×0.21

$$=¥38,010$$

キー操作（5/4，0）

340×500＋11000×21%

(16) ¥593,560÷¥418,000-1＝0.42 42％

キー操作（5/4，0）

593560－418000÷418000%

(17) $$907.18kg×\frac{29米トン}{1米トン}=26,308kg$$

キー操作（5/4，0）

907.18×29＝

(18) $(¥640,000 + ¥135,000) \times (1 - 0.08)$

   $= ¥713,000$

   キー操作 (5/4, 0)

   $640000 \boxplus 135000 \boxed{M+} \boxtimes \boxed{\cdot} 08 \boxed{M-} \boxed{MR}$

(19) 7月7日～9月1日＝57日（両端入れ）

   $¥480,000 \times 0.065 \times \dfrac{57}{365} = \underline{¥4,872}$

   キー操作（CUT，0）

   $480000 \boxtimes 6.5 \boxed{\%} \boxtimes 57 \boxplus 365 \boxed{=}$

(20) 減価償却率　耐用年数27年　0.038

   $¥4,180,000 \times 0.038 = ¥158,840$（償却限度額）

| 期数 | 期 首 帳 簿 価 額 | 償 却 限 度 額 | 減 価 償 却 累 計 額 |
|---|---|---|---|
| 1 | 4,180,000 | 158,840 | 158,840 |
| 2 | 4,021,160 | 158,840 | 317,680 |
| 3 | 3,862,320 | 158,840 | 476,520 |
| 4 | 3,703,480 | 158,840 | 635,360 |

## 2級演習問題（その2）

### (A) 乗算問題（p.123）

| | | 小計(1)～(3) | | (1) | 5.46% | (1)～(3) | |
|---|---|---|---|---|---|---|---|
| 1 | $24,703.20 | | | (2) | 2.24% | | |
| 2 | $10,142.73 | | $35,005.27 | (3) | 0.04% | | 7.74% |
| 3 | $159.34 | 小計(4)～(5) | | (4) | 1.04% | (4)～(5) | |
| 4 | $4,688.35 | | $417,457.45 | (5) | 91.23% | | 92.26% |
| 5 | $412,769.10 | 合計A(1)～(5) | | | | | |
| | | | $452,462.72 | | | | |

| | | 小計(6)～(8) | | (6) | 2.11% | (6)～(8) | |
|---|---|---|---|---|---|---|---|
| 6 | ¥3,427,404 | | | (7) | 0.01% | | |
| 7 | ¥11,091 | | ¥20,085,664 | (8) | 10.25% | | 12.37% |
| 8 | ¥16,647,169 | 小計(9)～(10) | | (9) | 0.01% | (9)～(10) | |
| 9 | ¥18,919 | | ¥142,289,493 | (10) | 87.62% | | 87.63% |
| 10 | ¥142,270,574 | 合計B(6)～(10) | | | | | |
| | | | ¥162,375,157 | | | | |

### (B) 除算問題（p.124）

| | | 小計(1)～(3) | | (1) | 9.76% | (1)～(3) | |
|---|---|---|---|---|---|---|---|
| 1 | ¥654 | | | (2) | 13.03% | | |
| 2 | ¥873 | | ¥2,251 | (3) | 10.80% | | 33.59% |
| 3 | ¥724 | 小計(4)～(5) | | (4) | 0.88% | (4)～(5) | |
| 4 | ¥59 | | ¥4,450 | (5) | 65.53% | | 66.41% |
| 5 | ¥4,391 | 合計C(1)～(5) | | | | | |
| | | | ¥6,701 | | | | |

| | | 小計(6)～(8) | | (6) | 1.08% | (6)～(8) | |
|---|---|---|---|---|---|---|---|
| 6 | €10.82 | | | (7) | 0.81% | | |
| 7 | €8.10 | | €69.73 | (8) | 5.05% | | 6.93% |
| 8 | €50.81 | 小計(9)～(10) | | (9) | 92.94% | (9)～(10) | |
| 9 | €934.75 | | €936.01 | (10) | 0.13% | | 93.07% |
| 10 | €1.26 | 合計D(6)～(10) | | | | | |
| | | | €1,005.74 | | | | |

### (C) 見取算問題（p.125～126）

| No. | 1 | 2 | 3 | 4 | 5 |
|---|---|---|---|---|---|
| 計 | ¥83,359,980 | ¥33,497 | ¥2,705,940 | ¥57,195,513 | ¥932,463 |

| 小計 | 小計(1)～(3) | ¥86,099,417 | | 小計(4)～(5) | ¥58,127,976 | |
|---|---|---|---|---|---|---|
| 合計 | 合計E(1)～(5) | | ¥144,227,393 | | | |

| 合計Eに対する構成比率 | (1) | 57.80% | (2) | 0.02% | (3) | 1.88% | (4) | 39.66% | (5) | 0.65% |
|---|---|---|---|---|---|---|---|---|---|---|
| | (1)～(3) | | 59.70% | | | | (4)～(5) | | 40.30% | |

| No. | 6 | 7 | 8 | 9 | 10 |
|---|---|---|---|---|---|
| 計 | $5,738,662.71 | $331,219.57 | $998,749.17 | $1,629,507.87 | $36,745.75 |

| 小計 | 小計(6)～(8) | $7,068,631.45 | | 小計(9)～(10) | $1,666,253.62 | |
|---|---|---|---|---|---|---|
| 合計 | 合計F(6)～(10) | | $8,734,885.07 | | | |

| 合計Fに対する構成比率 | (6) | 65.70% | (7) | 3.79% | (8) | 11.43% | (9) | 18.66% | (10) | 0.42% |
|---|---|---|---|---|---|---|---|---|---|---|
| | (6)～(8) | | 80.92% | | | | (9)～(10) | | 19.08% | |

(1) $3.785 \text{L} \times \dfrac{6{,}380 \text{米ガロン}}{/ \text{米ガロン}} = \underline{24{,}148 \text{L}}$

　キー操作（5/4, 0）

　　3.785⊠6380⊜

(2) 複利終価率（6.5%, 9期）　$1.76257039$

　$¥4{,}920{,}000 \times (1.76257039 - 1) =$

　$\underline{¥3{,}751{,}846}$

　キー操作（5/4, 0）

　　⊡76257039⊠4920000⊜

(3) $¥257{,}280 \div \dfrac{¥2{,}680}{40 \text{個}} = \underline{3{,}840 \text{個}}$

　キー操作（5/4, 0）

　　2680⊟40⊟⊟257280⊜

(4) 減価償却率　耐用年数／9年　$0.053$

　$¥2{,}730{,}000 \times 0.053 \times 9$

　$= ¥1{,}302{,}210$

　$¥2{,}730{,}000 - ¥1{,}302{,}210$

　$= ¥1{,}427{,}790$

　キー操作（CUT, 0）

　　2730000⊠⊡053⊠9⊜⊟2730000⊜⊡

(5) $¥146{,}880 \div \{¥680{,}000 \times (1 + 0.35)\}$

　$= 0.16 \quad \underline{16\%}$

　キー操作（CUT, 0）

　　680000⊠35％⊞MH／46880⊟MR％

(6) $¥160{,}000 \div (1 + 0.28) = ¥125{,}000$

　$¥160{,}000 - ¥15{,}000 = ¥45{,}000$

　$¥45{,}000 \div ¥25{,}000 - 1 = 0.16$

　$\underline{16\%}$

　キー操作（CUT, 0）

　　／60000⊟／⊡28⊜／25000

　　／60000⊟／5000⊜／45000

　　／45000⊟／25000⊟／25000％

　　または　／45000⊟／25000％⊟／00⊜

(7) $¥132 \times \dfrac{€5.80 \times 920}{€/} = \underline{¥704{,}352}$

　キー操作（5/4, 0）

　　5.8⊠920⊠／32⊜

(8) 7月7日〜9月／3日＝69日（両端入れ）

　$¥890{,}000 \times 0.045 \times \dfrac{69}{365} = ¥7{,}571$

　$¥890{,}000 - ¥7{,}571 = \underline{¥882{,}429}$

　キー操作（CUT, 0）

　　890000MH⊠4.5％⊠69⊟365⊟MR

(9) 利率5% → 2.5%　期間 $3 \times 2 + / \to 7$期

　複利現価率（2.5%, 7期）

　　$0.84126524$

　$¥1{,}560{,}000 \times 0.84126524 =$

　$¥1{,}312{,}373 \quad \underline{¥1{,}312{,}400}$

　キー操作（F）

　　⊡84126524⊠／560000⊜

　電卓においては$¥100$未満切り上げの操作ができ

　ないので各自行うこと。

(10) $¥274{,}000 \times (1 - 0.25) - ¥13{,}500$

　$= \underline{¥192{,}000}$

　キー操作（CUT, F）〔S型〕

　　／⊟25％⊠274000⊟／3500⊜

(11) $¥270{,}000 \times 0.0375 \times \dfrac{62}{365} = \underline{¥1{,}719}$

　キー操作（CUT, 0）

　　270000⊠3.75％⊠62⊟365⊜

(12) $¥816{,}000 \times (1 + 0.27) = \underline{¥1{,}036{,}320}$

　キー操作（CUT, 0）

　　816000⊠27％⊞

(13) 2月／5日〜4月30日＝74日（平年, 片落とし）

　$¥7{,}400{,}000 \times 0.026 \times \dfrac{74}{365} = ¥39{,}007$

　$¥7{,}400{,}000 + 39{,}007 = \underline{¥7{,}439{,}007}$

　キー操作（CUT, 0）

　　7400000MH⊠2.6％⊠74⊟365MH⊟MR

(14) $(¥370{,}000 + ¥105{,}000) \times (1 - 0.13)$

　$= \underline{¥413{,}250}$

　キー操作（5/4, 0）

　　370000⊟／05000MH⊠⊡／3MH⊟MR

(15) 利率6% → 3%　$7 \times 2 + / \to /5$期

　複利終価率（3%, ／5期）　$1.55796742$

　$¥8{,}340{,}000 \times 1.55796742$

　$= \underline{¥12{,}993{,}448}$

　キー操作（5/4, 0）

　　／⊡55796742⊠8340000⊜

(16) $(¥800 \times 530 + ¥36{,}000) \times (1 + 0.31)$

　$= \underline{¥602{,}600}$

　キー操作（5/4, 0）

　　800⊠530⊟36000⊠3／％⊞

⑴⑺ 6月/3日～8月25日＝73日（片落とし）

$$元金×0.022×\frac{73}{365}=¥1,144$$

よって　$¥1,144×365÷(0.022×73)$
$=¥260,000$

または　$¥1,144÷(0.022×0.2)$
$=¥260,000$

キー操作（F）

　$1144⊠365÷.022÷73⊜$

または　$1144÷.022÷.2⊜$

または　$.022⊠73÷365÷1144⊜$

⑴⑻ $¥2,650,000×(1-0.028)=¥2,575,800$

キー操作（CUT, 0）

　$1⊟.028⊠2650000⊜$

または　$2650000⊠2.8％⊟$

⑴⑼ $¥625,400÷(1+0.18)=¥530,000$

キー操作（5/4, 0）

　$1⊞.18⊟÷625400⊜$

⑵⑽ 減価償却率　耐用年数/7年　0.059

$¥5,120,000×0.059=¥302,080$（償却限度額）

| 期数 | 期首帳簿価額 | 償却限度額 | 減価償却累計額 |
|---|---|---|---|
| 1 | 5,120,000 | 302,080 | 302,080 |
| 2 | 4,817,920 | 302,080 | 604,160 |
| 3 | 4,515,840 | 302,080 | 906,240 |
| 4 | 4,213,760 | 302,080 | 1,208,320 |